すぐに使える！

できる大人の モノの言い方 ハンドブック

櫻井弘話し方研究所代表

櫻井 弘 監修

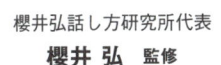

JN231500

永岡書店

言い方を変えるだけで
相手の印象が変わります

　モノの言い方というと、「論理的に話すことや、ちゃんと説明できることが大切なんだろう」。そう思う方が多いかもしれません。

　もちろん論理的思考で相手を説得するような言い方も重要ですが、それと同時に大切なことは、相手の感情に気を配ることです。ビジネスのシーンで案外忘れられがちなのが、人間が感情を持つ生き物であるということ。

　完璧に説明しようとするあまり、論理ばかりに目が向いてしまい、感情への配慮を忘れてしまうのです。ですが、どんなに正当な理由があったとしても、感情で納得できなければ、相手は自分の意見を聞いてくれないでしょう。

本書では、相手に対する「さりげない気配り」や「恥をかかせないような表現」、「思いやりを込めた言葉」を紹介しています。また、取引先や同じ会社の上司など、さまざまなシーンで使えるように構成しました。

　最近では、「企画、見てもらえました？」と唐突に話しかける人や、「やってもらえます？」と相手への配慮に欠けた表現をする人を多く見かけます。そんなときこそ「大人のモノの言い方」が役に立つのです。ぜひ本書を活用して、「大人のモノの言い方」を身につけてもらえたらと思います。

　言い方ひとつで相手の印象が大きく変わるということを、あなた自身で体験してみてください。

櫻井 弘

本書の特長と使い方

本書は、ビジネスや日常生活を送る中で「大人のモノの言い方」が必要になる場面を、さまざまなシーンと、細かなシチュエーションを想定して紹介しています。気になるときにサクッと調べて、いつでもサクッと言えるように、ぜひ活用してください。

そのまま使える"モノの言い方"がたくさん！

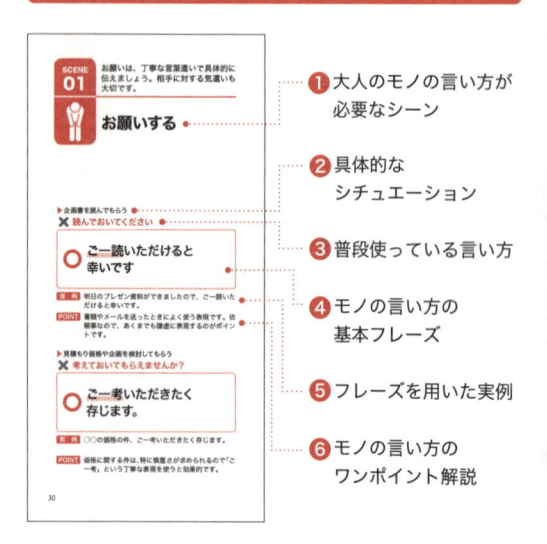

❶ 大人のモノの言い方が必要なシーン

❷ 具体的なシチュエーション

❸ 普段使っている言い方

❹ モノの言い方の基本フレーズ

❺ フレーズを用いた実例

❻ モノの言い方のワンポイント解説

❶ 章ごとに必要なシーンを分けてあるので、知りたいシーンに合わせて探すことができます。

❷ どんなシチュエーションで大人のモノの言い方を使えばいいのか、詳しく表示しています。

❸ 普段使ってしまっている言い方を表しています。

❹ 大人のモノの言い方になる基本のフレーズを紹介しています。

❺ 実際に使うときに参考になる、実例を掲載しています。

❻ どんなところに配慮した言い方なのか、どんな気持ちを込めて言えばいいのかなど、大人のモノの言い方をする上で注意したいポイントを解説しています。

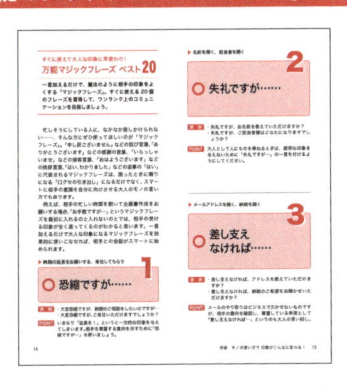

本書で紹介するモノの言い方は、知っていると役に立ち、相手に大人の印象を与えることができるものばかりです。とくに、さまざまな場面で使うことができて、覚えておきたい「マジックフレーズ」を20個集めました。まずはこのマジックフレーズを身につけて、サクッと言えるようになるとよいでしょう。

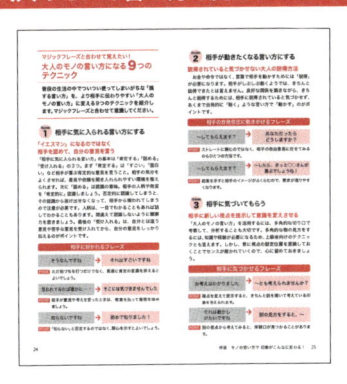

さらに、大人のモノの言い方になる9つのテクニックも紹介しています。これらのテクニックを身につけることで、相手に対してどんな言い方をすればいいのかがわかります。マジックフレーズとテクニックを身につけて、さまざまな場面で応用ができるような言い方をマスターしましょう。

目 次

第2章
感謝するときの
モノの言い方

第3章
叱るときの
モノの言い方

第4章
断るときの
モノの言い方

第 5 章

意志を伝えるときの
モノの言い方

コラム

モノの言い方で
印象がこんなに変わる！

大人のモノの言い方にすると
印象がガラッと変わる

こうすれば大人のモノの言い方を
マスターできる

すぐに使えて大人な印象に早変わり！
万能マジックフレーズベスト20

マジックフレーズと合わせて覚えたい！
大人のモノの言い方になる9つのテクニック

大人のモノの言い方にすると印象がガラッと変わる

誰かに何かを伝えようとするとき、言い方ひとつで相手に与える印象がガラリと変わります。円滑なコミュニケーションを可能にするために、まずは"大人のモノの言い方"の基本知識を身につけましょう。

"大人のモノの言い方"の極意は「気配り」と「相手に恥をかかせないこと」

「プレゼンが苦手」「ビジネス上の人間関係がうまくいかない」という悩みの原因は、多くの場合「言い方」にあります。もしあなたが仕事中に部下から「○○の件、先方に伝えてもらえました？」と突然声をかけられたら、どう感じるでしょうか？ おそらく乱暴で唐突な印象を抱くと思います。こんなとき、もし「少しお時間よろしいですか」と一言添えられていたら、かなり印象が変わるのがわかると思います。これを私は「マジックフレーズ」と呼んでいて、話しかけるとき、冒頭に入れるとすんなりと本題に入れます。「マジックフレーズ」は、一言添えるだけで、相手の印象がぐっとよくなる「大人のモノの言い方」の代表例です。使用する際に、常に意識してほしいのが「さりげない気配り」と「相手に恥をかかせないこと」です。ビジネスで何かを説明するとき、とにかく論理的にと考えがちですが、論理だけでは通らないと感じる場面もあると思います。話すことは「頭脳の交換」。論理的に話して頭脳に働きかけることはもちろん重要です。しかし、人間は感情の生き物でもあります。みなさん「もっともだから腹が立つ」という経験はありませんか？ そんなときに必要なのが「さりげない気配り」です。相手の立場や気持ちを考えて大人の気配りをすれば、必ず聞く姿勢になってくれます。また、それと同時に「相手に恥をかかせないこと」も重要です。例えば、相手が知らないことを説明するときに「常識ですけど」と言い添えてしまえば、相手は気分を害します。人間の根本にある

自尊感情を守るように意識して話してください。

　本書では「大人のモノの言い方」の基本技術とすぐに使えるフレーズを紹介しますが、場の空気を読んで、いつどこでどのように言うかも重要な要素です。フレーズばかりにとらわれず、常識や知識、経験を身につけて、センスを磨くことも忘れないでください。

大人のモノの言い方が役に立つ場面

お願いするとき

**相手を
聞く体勢にする**

「申し訳ありませんが…」「お手数ですが…」などの「マジックフレーズ」を使うと、相手が聞く体勢に入るので、話の通りがよくなり、お願いを聞いてもらいやすくなります。

断るとき

**「頭ごなし」
「無下に」はNG**

断るときは、相手を逆に説得する気持ちで対応しましょう。頭ごなしに断るのではなく、相手の依頼内容をよく聞いて、できない理由を説得的に伝えましょう。

謝罪・お詫びを
するとき

**初期対応として、
先に謝罪をする**

誤りを正すには、誤りを認めることが必要です。相手に非難される前に「申し訳ありませんでした」と誤りを先に認めて、謝罪すると効果的です。

こうすれば大人の
モノの言い方をマスターできる

いついかなる状況でも「大人のモノの言い方」ができるように、基本を押さえましょう。ポイントを理解すれば、TPO に合わせて柔軟に活用できるので、より効果的な言い方ができます。

1 マジックフレーズを使う‼

冒頭に入れるだけで OK

相手に何かを頼むとき、いきなり頼み事を切り出すと、唐突な印象を与えてしまいます。「大変お手数ですが」「少しお時間よろしいですか？」など、本題に入る前に「マジックフレーズ」を入れると、相手に気遣いが伝わって頼み事を聞き入れてもらいやすくなります。

2 相手の話をしっかり受け止める‼

話すためには、実は聞き方が重要

聞き上手になる第一歩は、違いを受け入れること。自分のスタイルに合わない意見や否定的な回答でも「面白い発想ですね！　もう少し詳しく教えて！」と、意見の違う相手を肯定して考えを引き出しましょう。聞く姿勢を示して、情報を引き出せれば、その後の言い方や対応に余裕が生まれます。

3 相手に考える余地を残してあげる‼

一方的に要望を伝えない

要望を伝えるときは、目の前にいる相手に向かってしっかりと言葉を届けましょう。そして、自分のことばかり話さずに、相手の立場や状況に配慮して選択肢や時間を与えたりして相手が考える余地を残すようにしましょう。このとき、場の空気を読んだり、相手の忙しさを考えたりすることも大切です。

4 否定的な表現は使わない !!

ポジティブな表現が、ポジティブな結果を生む

　人間の根本にある自尊感情を傷つけないようにポジティブな表現を心がけましょう。もし否定するときは、「確かにそうですね。でも、こんな場合は？…」のように、まず相手の話を聞いてから、自分の言い分を伝えるのが大人の対応です。「Yes, But（はい、しかし…）」と覚えておくといいでしょう。

5 丁寧な表現を心がける !!

相手には常に敬意をもって接する

　コミュニケーションは「認識」「理解」「尊重」の３つから成り立っています。言葉遣い、とくに敬語は「尊重」の手段のひとつです。相手を尊重して、「伝える」のではなく「伝わる」言葉遣いを。自分が知っていることは相手も知っていると思い込まず、相手の理解度に応じてわかりやすく敬意をもって接しましょう。

万能マジックフレーズ ベスト**20**

一言加えるだけで、魔法のように相手の印象をよくする「マジックフレーズ」。すぐに使える 20 個のフレーズを習得して、ワンランク上のコミュニケーションを目指しましょう。

忙しそうにしている人に、なかなか話しかけられない……、そんな方にぜひ使ってほしいのが「マジックフレーズ」。「申し訳ございません」などの詫び言葉、「ありがとうございます」などの感謝の言葉、「いらっしゃいませ」などの接客言葉、「おはようございます」などの挨拶言葉、「はい、わかりました」などの返事の「はい」に代表されるマジックフレーズは、困ったときに頼りになる「口グセの引き出し」になるだけでなく、スマートに相手の意識を自分に向けさせる大人のモノの言い方でもあります。

例えば、相手の忙しい時間を割いて企画書作成をお願いする場合、「お手数ですが…」というマジックフレーズを最初に入れるのと入れないのとでは、相手の受ける印象が全く違ってくるのがわかると思います。一言加えるだけで大人な印象になるマジックフレーズを効果的に使いこなせれば、相手との会話がスマートに始められます。

▶ 納期の延長をお願いする、来社してもらう

1

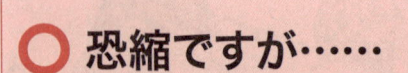

○ 恐縮ですが……

実 例 ・大変恐縮ですが、納期のご相談をしたいのですが…
・大変恐縮ですが、ご来社いただけますでしょうか？

POINT いきなり「延長を！」というと一方的な印象を与えてしまいます。相手を尊重する意向を示すために「恐縮ですが…」を使いましょう。

▶ 名前を聞く、担当者を聞く

2

◯ 失礼ですが……

実 例　・失礼ですが、お名前を教えていただけますか？
　　　　・失礼ですが、ご担当者様はどなたになりますでしょうか？

POINT　大人として人にものを尋ねるときは、唐突な印象を与えないために「失礼ですが…」の一言を付けるようにしてください。

▶ メールアドレスを聞く、納期を聞く

3

**◯ 差し支え
なければ……**

実 例　・差し支えなければ、メールアドレスを教えていただけますか？
　　　　・差し支えなければ、納期のご希望をお聞かせいただけますか？

POINT　メールのやり取りはビジネスで欠かせないものですが、相手の意向を確認し、尊重している表現として「差し支えなければ…」というのも大人の言い回し。

▶ メールを見てもらう、納品の確認をする

4

○ お世話になります

実例　・お世話になります。○○のメールはご確認いただ
　　　　　　きましたか？
　　　　　・お世話になります。本日の納品ですが、状況はい
　　　　　　かがでしょうか？

POINT　相手がメールを見たかどうかを確認したいときは、
　　　　　いきなり「見てもらえました？」と聞くのではなく、
　　　　　まず「お世話になります」とはさむのが大人の対応
　　　　　です。

▶ 期日までに返事をもらう、期日までに書類をもらう

5

○ お忙しい中……

実例　・お忙しい中恐縮ですが、○日までにご返事いただ
　　　　　　けますか？
　　　　　・お忙しい中恐縮ですが、○日までのご請求書をい
　　　　　　ただけますか？

POINT　相手に配慮した詫び言葉のマジックフレーズをつけ
　　　　　ることで、相手のポジティブな気持ちを引き出しま
　　　　　す。

▶企画書をつくってもらう、リサーチをしてもらう

6

○ お手数ですが……

実例
・お手数ですが、企画書の作成を是非お願いいたします。
・お手数ですが、競合商品の販売個数のリサーチをお願いいたします。

POINT 忙しい時間を割いていただくので、「お手数ですが…」というマジックフレーズを入れましょう。一言加えるだけで印象がかなり変わります。

▶交渉する、変更を依頼する

7

**○ 勝手
申し上げますが……**

実例
・勝手申し上げますが、予算をあげていただけると助かります。
・勝手申し上げますが、企画の方向性を再検討したく思っております。

POINT 難しいお願いをするときに使うマジックフレーズです。お願いするときはまず聞き手が聞きたい結論を伝えた後に、理由をきちんと述べましょう。

▶ 上司に決裁をもらう、報連相をする

8

○ # 今よろしいで
しょうか?

実例
・部長、今よろしいでしょうか？　見積書の決裁を
お願いします。
・今よろしいでしょうか？　○○社の案件で、ご報
告があります。

POINT
忙しそうに仕事をしている上司に話しかけるときは、
マジックフレーズをはさみましょう。気遣いが伝わ
るので、相手が聞く姿勢になってくれます。

▶ 不手際をわびる、手間をとらせたことをわびる

○ # お許しください

実例
・私どもの不手際でご迷惑をおかけしたことをお許
しください。
・○○様にお手間をとらせてしまったことをお許し
ください。

POINT
失敗やミスをしたときは言い訳せずに、まず自分の
失敗を認めて謝罪しましょう。相手に言われる前に
自分から積極的に謝罪をするのがポイントです。

▶ コピーしてもらう、同行をお願いする

10

○ 申し訳ありませんが……

・申し訳ありませんが、これをコピーしていただけますか？
　　　・申し訳ありませんが、○○社へご同行お願いできますか？

POINT 「申し訳ありませんが…」もマジックフレーズ。人に対して「依頼」するときは、このマジックフレーズを多用することがポイント。

▶ 参考になる意見を聞いた、資料作成してもらった

11

○ 恐れ入ります

実 例 ・恐れ入ります。今後の仕事のヒントにさせていただきます。
　　　・アドバイスだけでなく、資料まで作成していただき、恐れ入ります。

POINT 相手に好印象を与えられるマジックフレーズ。「言葉遣いは心遣い」と言われるように、相手に対する敬意を伝えるのは社会人としてのマナーです。

▶ 書記を頼む、力を貸してほしい

12

○ **是非とも**

実例　・是非とも○○さんに書記をお願いします。
　　　　・是非とも、○○様のお力添えをお願いします。

POINT　「是非とも」という表現に推薦している人の気持ち
が表れている。推薦する側に熱意が無ければ、相手
の気持ちを動かすことはできません。

▶ 参考になる本をもらった、資料を配られた

13

○ **ありがとう
ございます**

実例　・ありがとうございます。早速拝読いたします。
　　　　・ありがとうございます。早速拝見いたします。

POINT　「早速」とすぐに読むことを伝えるだけでなく、本
当にすぐ実行し、感想を報告することも忘れずに。

▶ 誤解を招いてしまった、迷惑をかけてしまった

14

○ 言葉が足りず……

実 例　・言葉が足りず申し訳ありませんでした。再度確認
　　　　しておくべきでした。
　　　　・私の言葉が足りず、○○様にご迷惑をかけてしま
　　　　いました。

POINT　説明不足で相手に負担をかけてしまったときに使う
　　　　謝罪のマジックフレーズ。相手側に多少のミスがあ
　　　　ったとしても、自分から先手を打って謝ることが重
　　　　要です。

▶ 感謝のメールをもらった、食事に誘ってもらった

15

○ お気遣い……

実 例　・お気遣いのメールありがとうございます。嬉しく
　　　　思っております。
　　　　・お気遣いいただきありがとうございます。是非参
　　　　加させてください。

POINT　お礼の言葉でも謝罪の言葉でも使える便利なマジッ
　　　　クフレーズ。相手の行為に感謝して、敬意を払う気
　　　　持ちが伝えられます。

▶内容を復唱する、日時などをメールで送る

16

○ 念のため……

実 例　・念のため、復唱させていただきます。
　　　　・念のため、日時や場所をメールで送付いたします。

POINT　重要なことを確認して念押しするときや合意した内容を再確認したいときに使えるフレーズ。慎重で丁寧な印象を与えられるので、積極的に使っていきましょう。

▶相手に納得してもらう、誤解を解く

17

○ ご納得 いただけました でしょうか

実 例　・難しいとは思いますが、ご納得いただけましたでしょうか？
　　　　・このような経緯でしたので、ご納得いただけましたでしょうか？

POINT　「ご納得いただけませんか？」では否定が前提という雰囲気を相手に与えてしまいます。肯定的に表現すれば納得が前提になるので、影響力が高まります。

▶ 仕事の依頼を断る、誘いを断る

18

○ **あいにくですが……**

実例
・あいにくですが、今回はお引き受けできかねます。
・あいにくですが、約束がありますので参加できません。

POINT 最初から「できません」という否定の言葉を使うことなく断る大人の言い回しです。「都合があってできない」ということをしっかり説明しましょう。

▶ 商談成功の報告をする、難関を乗り越えたとき

19

○ **おかげさまで……**

実例
・おかげさまで、無事商談をまとめることができました。
・おかげさまで、苦境を乗り切ることができました。

POINT 日ごろからお世話になっている相手の自尊感情を守る表現。相手に対する敬意と感謝を同時に伝えることができるフレーズです。

▶ 説明に感謝する、相手に共感を示す

20

○ **なるほど**

実例
・なるほど。とてもわかりやすい説明をありがとうございます。
・なるほど、それはなかなか難しい案件ですね。

POINT 会話では相手の言葉を受け取って、返すことが重要です。相手に「無視された」と思わせないように、タイミングよく相づちを打ちましょう。

マジックフレーズと合わせて覚えたい！

大人のモノの言い方になる**9**つのテクニック

普段の生活の中でついつい使ってしまいがちな「損する言い方」を、より相手に伝わりやすい「大人のモノの言い方」に変える9つのテクニックを紹介します。マジックフレーズと合わせて意識してください。

TECHNIC 1　相手に気に入られる言い方にする

「イエスマン」になるのではなく相手を認めて、自分の意見を言う

「相手に気に入られる言い方」の基本は「肯定する」「認める」「受け入れる」の3つ。まず「肯定する」は「すごい」「面白い」など相手が喜ぶ肯定的な意見を言うこと。相手の気分をよくさせれば、意見や依頼を聞き入れられやすい環境を整えられます。次に「認める」は認識の意味。相手の人柄や発言を「肯定的に」認識しましょう。否定的に認識してしまうと、その認識から抜け出せなくなって、相手から嫌われてしまうので注意が必要です。人柄は、一目でわかることもあれば話してわかることもあります。間違えて認識しないように観察力を磨きましょう。最後の「受け入れる」は、自分とは違う意見や苦手な意見を受け入れてから、自分の意見をしっかり伝えるのがポイントです。

相手に好かれるフレーズ

そうなんですね	→	それはすごいですね

POINT ただ相づちを打つだけでなく、素直に肯定の言葉を添えるとよいでしょう。

言われてみれば確かに……	→	そこには気づきませんでした

POINT 相手が意見や考えを言ったときは、敬意を払って着想をほめましょう。

知らないですね	→	初めて知りました！

POINT 「知らない」と否定するのではなく、関心を示すとよいでしょう。

TECHNIC 2 相手が動きたくなる言い方にする

説得されていると気づかせない大人の説得方法

　お金や命令ではなく、言葉で相手を動かすためには「説得」が必要になります。相手がしぶしぶ動くようでは、きちんと説得できたとは言えません。良好な関係を築きながら、きちんと説得するためには、相手に説得されていると気づかせず、あくまで自発的に「動く」ような言い方で「動かす」のがポイントです。

相手の自発意思に働きかけるフレーズ

| ～してもらえます？ | → | あなただったら どうしますか？ |

POINT ストレートに頼むのではなく、相手の自由意思に任せてみるのもひとつの方法です。

| ～してもらえます？ | → | ～したら、きっと○○さんが 喜ぶでしょうね！ |

POINT 結果を示すと相手のイメージがふくらむので、要求が通りやすくなります。

TECHNIC 3 相手に気づいてもらう

相手に新しい視点を提示して意識を変えさせる

　「大人のモノの言い方」を活用するには、多角的な切り口で考察して、分析することも大切です。多角的な物の見方をするには、知識や経験が必要になるため、上級者向けのテクニックとも言えます。しかし、常に視点の設定位置を意識しておくことでセンスが磨かれていくので、心に留めておきましょう。

相手に気づかせるフレーズ

| お考えはわかりました | → | ～とも考えられませんか？ |

POINT 視点を変えて提示すると、きちんと話を聞いて考えている印象を与えられます。

| それは動かし がたいですね | → | 別の見方をすると、～ |

POINT 別の視点から考えてみると、突破口が見つかることがあります。

TECHNIC 4　相手の拒否を突破する言い方にする

「ノー」と言われたら、コミュニケーションで突破

　「ノー」があるから説得、コミュニケーションが必要になるのです。まずは相手に声をかけてみて、感じよく返ってくるかを確認。そこで拒否されたり、拒絶されたりと、自分の思い通りには返ってこないのが生身の人間です。しかし、そのときこそ相手に自分のことをわかってもらうチャンスだと考えてください。

相手の拒否を突破するフレーズ

そこがダメですか……	→	こういうメリットがありますよ

POINT もしまだ相手が気づいていないメリットがあれば、それを提示してみましょう。

次回、ぜひお願いします	→	本当にいいのですか？今だけですよ！

POINT 今、ここで決めるメリットを提示して、「イエス」を勝ち取りましょう。

TECHNIC 5　相手の満足感を高める言い方にする

双方が満足できる合意を目指して交渉する

　相手から「ノー」と言われたときは、会話を進めながら「ノーの理由」を探りましょう。そして、理由や対立点を見つけたら、それを調整して合意を形成する段階に入ります。このとき、相手の印象をよくして、次につながる関係性を構築するには、相手の満足感を高める言い方をするのがポイントです。

相手の満足感を高めるフレーズ

○○で使えますよ	→	○○以外に××でも使えますよ

POINT ひとつだけではなく、副次的なメリットを挙げると交渉がスムーズに進みます。

ありがとうございました	→	お客様が喜んでくれて本当によかったですね！

POINT 一緒に仕事をした苦労を分かち合う一言をかけると、相手に満足感が生まれます。

TECHNIC 6 キチンと伝える

理解の質を問うて感覚を共有する

「伝える」のではなく「伝わる」ことが重要なことはすでに述べましたが、きちんと伝わっているのかは質問をしてみればわかります。質問は「質を問う」と書くとおり、相手の理解の「質」を問うことができます。一通り説明を終えたら「ご不明な点はありませんか？」と確認してください。

キチンと伝わるフレーズ

| わかりましたよね？ | → | ご不明な点はありませんか？ |

POINT 相手がわかっていると決めつけずに、きちんと理解しているかを確認しましょう。

| 〜が必要になります | → | もしも〜がなかったらどうなりますか？ |

POINT 理解の確認と深化のために、質問をはさんで相手に考えさせるのもいいでしょう。

TECHNIC 7 相手に選ばせる

選択権を与えて、相手の自尊心を刺激する

相手に選択肢を示して、相手が「選べる」状況に持ち込むテクニックがあります。これは、実はこちら側がお膳立てをしているのですが、相手側は「選べる」と思うため自尊心をくすぐられます。ただ、これ以外でも自尊心をくすぐるときは相手側の事情や考えを汲み取ることが重要です。

相手の自尊心をくすぐるフレーズ

| なんとかお願いします | → | ほかでもないあなただからこそ！ |

POINT 相手の自尊心をくすぐると、重い腰を上げさせられることも。

| 他を当たってみます | → | あなたしかいない！ |

POINT 相手に「自分は特別視されている」と感じさせて、要求を通す言い方です。

TECHNIC 8　共感を得る言い方にする

立場や考えは人それぞれ、自分が正しいと思い込まない

あるとき、列に割り込んだ若い女性に50歳くらいの男性が「急いでるんだねぇ」と優しく声をかけると、女性は「すいません、気づかなくて」と言って列に並び直しました。女性は並んでいることに気づいていなかったのです。このように、相手の立場や気持ちを感じて相手に合った言い方をすることも大切です。

相手の立場や気持ちを考えたフレーズ

それはあなたの ミスではないですよ		私があなただったら 同じようにします

POINT 想定外の状況におちいった相手には共感を得る言い方をするのが適切です。

大変でしたね		ご心配でしたね！

POINT 相手の立場で考えて言い方を変えると共感を生む言い方になります。

TECHNIC 9　相手の負担を軽くする言い方にする

相手が実現可能な範囲でさりげなくお願いする

難しい仕事や手間のかかる仕事を頼むときは「私も少し受け持つので、お願いできますか？」など、さりげなく相手の負担感を軽くするとOKをもらいやすくなります。自分と知識経験が違う人に「これくらいなら簡単だよね」と押しつけるのではなく、相手にとって実現可能な方法を考えて提示しましょう。

相手に好かれるフレーズ

これお願いしますね	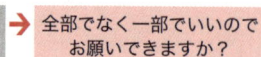	全部でなく一部でいいので お願いできますか？

POINT YESを引き出したいときは、相手の立場に配慮して負担を軽くしましょう。

これ全部 お願いできますか？		どれくらいだったら できそうですか？

POINT 相手の状況がわからないときは、素直にどれくらい負担できるかを聞くのも手です。

第 1 章

お願いするときの
モノの言い方

お願いする
・
要求する
・
応対する
・
誘う

お願いする

▶ 企画書を読んでもらう

✖ 読んでおいてください

○ **ご一読いただけると幸いです。**

実例 明日のプレゼン資料ができましたので、ご一読いただけると幸いです。

POINT 書類やメールを送ったときによく使う表現です。依頼事なので、あくまでも謙虚に表現するのがポイントです。

▶ 見積もり価格や企画を検討してもらう

✖ 考えておいてもらえませんか？

○ **ご一考いただきたく存じます。**

実例 ○○の価格の件、ご一考いただきたく存じます。

POINT 価格に関する件は、とくに慎重さが求められるので「ご一考」という丁寧な表現を使うと効果的です。

❌ **延ばしてもらえませんか？**

⭕ **ご猶予をいただけると
ありがたいのですが……**

実 例 ○○の納期の件、ご猶予をいただけるとありがたいのですが…

POINT 依頼の中でも「打診」する表現です。相手にお願いすることなので、丁寧に気配りをして伝えましょう。

▶ 難しいことをお願いする

❌ **難しいと思うのですが……**

⭕ **お願いするのは
忍びないのですが……**

実 例 お願いするのは忍びないのですが、ご協力いただけないでしょうか？

POINT 「無理を承知で…」という気持ちが伝わる表現です。態度や語調などにも気を配って、気持ちを伝えましょう。

▶ 強くお願いしたい

❌ **絶対○○してください！**

⭕ **○○してもらえるよう、
切に願います。**

実 例 難しいとは思いますが、○○してもらえるよう、切に願います。

POINT 「是非とも…」という気持ちが伝わる表現です。どうしても相手を動かしたいときは、覚悟を決めて発言しましょう。

▶一緒に参加してもらいたい

✗ 参加してもらえますか？

○ ご同席お願い できますでしょうか。

実例 私一人では力不足のため、ご同席をお願いできますでしょうか？

POINT 「〜のため」と理由を簡単に添えることで、依頼の理由がわかります。相手の気持ちや立場を考えて話しましょう。

▶できればしてほしいとき

✗ 〜してほしいんですけどねぇ……

○ 〜していただけると 助かります。

実例 もしよろしければ、直接やり取りをしていただけると助かります。

POINT 「勝手なことを申し上げますが…」「できれば、〜していただけると」という気持ちを伝える大人の言い方です。

▶こちらの都合を聞いてもらいたい

✗ こっちの話なんですけど……

○ 勝手なお願いで 申し訳ありませんが……

実例 勝手なお願いで申し訳ありませんが、ご検討いただければ幸いです。

POINT ビジネスでよく使うフレーズ。「助かります」と同じように「幸いです」もどんどん活用していきましょう。

✖ **失礼な話なんですけど……**

◯ **不躾（ぶしつけ）なお願いで 恐縮ですが……**

実例 不躾なお願いで恐縮ですが、よろしくお願いいたします。

POINT 「失礼な」というとマイナスの印象を与えてしまうので、「不躾な〜」と表現した方が大人な印象を与えられます。

▶ 相手を信用してお願いするとき

✖ **◯◯さんは信用できるから言いますけど……**

◯ **折り入ってご相談が ありまして……**

実例 折り入ってご相談がありまして、お時間をいただけないでしょうか？

POINT 「折り入って…」ということで、「重要性」「深刻度合い」が伝わり、相手の心に響きやすくなります。

▶ 遠回しにお願いしたいとき

✖ **〜してもらえると嬉しいんだけどなぁ……**

◯ **〜していただけると ありがたいのですが……**

実例 請求書を作成していただけるとありがたいのですが…

POINT 「お手数ですが…」「恐縮ですが…」を入れるとさらによくなります。言葉を惜しまずに伝えきりましょう。

✖ 暇なときにやっておいてください

○ **お手隙の際にご確認
いただければと思います。**

実例 ○○の件、お手隙の際にご確認いただければと思います。

POINT 「お忙しい中、恐縮です！」という気持ちが伝わります。相手の負担感を軽くする効果もある表現です。

▶ ある人との間に入ってほしいとき

✖ 仲を取りもってもらえますか？

○ **よろしく、
お取りなしのほど、
お願いいたします。**

実例 ○○社の案件、よろしくお取りなしのほどお願いいたします。

POINT 他社のことなので、より丁寧な表現にしています。「大切にしている」という気持ちを伝えましょう。

▶ 然るべき対応をとってもらいたいとき

✖ 対応してください

○ **ご善処いただきたく、
お願いいたします。**

実例 ○○の件、ご善処いただきたく、お願いいたします。

POINT 「前向きなご対応をお願いします」という気持ちが伝わる表現。丁寧にお願いすれば、自然と相手の対応も変わってくるというもの。

▶ 許してもらいたい

✖ 許してください

○ **ご容赦ください。**

実例 ○○の件では大変失礼いたしました。何卒ご容赦ください。

POINT 「何卒〜」とつけることでより丁寧さが伝わります。普段から丁寧さを意識しておくとよいでしょう。

▶ 相手に理解してもらいたいとき

✖ きついと思いますが、わかってもらえませんか?

○ **勝手を申し上げますが、ご理解いただけると幸いです。**

実例 納期の件、勝手を申し上げますが、ご理解いただけると幸いです。

POINT スピードが求められ、効率が重視される今の世の中で、聞き手が聞きたいことは「結論」。その気持ちに応えるように、まずは結論から入る話し方も必要。

> 勝手を申し上げますが…

▶ 慎重にお願いしたいとき

✖ **本当にお願いします**

⭕ # 伏して
お願い申し上げます。

実例 何卒ご協力いただけますよう、伏してお願い申し上げます。

POINT 「伏して」という表現によって、頭を下げているイメージが湧きます。イメージを伝える表現の一つです。

▶ 無理なお願いをしたいとき

✖ **これは無理ですよね?**

⭕ ## 無理を承知で
申し上げるのですが……

実例 無理を承知で申し上げるのですが、価格を再考していただけないでしょうか?

POINT 「無理な状況ということはわかっているが、事情があるので、是非とも理解を示してもらいたい」という気持ちをしっかりと伝えることに集中しましょう。

▶ 自分が知らないことを教えてもらいたいとき

✖ **教えてもらえますか?**

⭕ ## お教えいただけますか?

実例 私の不勉強でお手数をおかけしますが、お教えいただけますか?

POINT 勉強不足な自分に教えてほしいという姿勢を示す言い方です。相手の気分を害さないために先手を打って断りを入れましょう。

▶ 質問したいとき

✗ ちょっと聞きたいんですけど……

○ 少々お尋ねしますが……

実例 少々お尋ねしますが、御社の FAX 番号は何番でしょうか？

POINT 「少々」を入れることで、相手の抵抗感を減らす表現です。説明に時間がかかることを尋ねないように注意。

▶ 教えてもらいたいとき

✗ 教えてください

○ ご教示ください。

実例 御社の信用状況をご教示ください。

POINT 「教えていただきたい！」ということを、自分がへりくだって表現しています。ビジネスで質問をするときによく使うフレーズ。

▶ 強くお願いしたいとき

✗ どうしてもお願いします

○ 何卒
よろしくお願いします。

実例 建築確認の件、何卒よろしくお願いします。

POINT 「何卒」でへりくだっている気持ちが伝わります。ビジネス上のかしこまった場面で使うとよいでしょう。

▶ **できればしてほしいとき**

✖ **なるべくお願いします**

> ◯ **差し支えなければ
> お願いします。**

実 例 差し支えなければ、メールアドレスを教えていただけますか？

POINT 現代では、メールのやり取りなしでは仕事になりませんが、相手の意向を確認し、尊重している表現として「差し支えなければ…」というのも大人の言い回しです。

▶ **相手にわざわざ来てもらうとき**

✖ **わざわざすみません**

> ◯ **ご足労おかけします。**

実 例 弊社までお越しいただけるとのことで、ご足労おかけします。

POINT 「ご足労」という、より丁寧な言い方によって、「申し訳ないですが…」という気持ちが相手に伝わります。

▶ **理解してもらいたいとき**

✖ **わかってください**

> ◯ **お汲み取りください。**

実 例 弊社の苦しい状況をお汲み取りください。

POINT 「気持ちをわかってほしい」というニュアンスが伝わります。話す際の表情や態度、語調にもそういったニュアンスを込めるようにしましょう。

✕ 教えてくれませんか？

○ お知恵を拝借 願えませんか？

実例 ○○様のお知恵を拝借願えないでしょうか？

POINT 「お知恵を拝借」という言葉で、相手の価値をより認めている気持ちが伝わります。尊敬の念も同時に伝えられる大人の言い方。

▶ 覚えておいてほしいとき

✕ 覚えておいてください

○ お見知りおきください。

実例 こちらが弊社で扱っている品目です。お見知りおきください。

POINT 「見るだけではなく、覚えていただきたい」という気持ちを、「押しつけ調」でなく伝える表現。相手の負担感を減らす表現でもあります。

▶ 遅い時間にお願いするとき

✕ 遅くなっちゃいましたが……

○ 夜分に恐れ入ります……

実例 夜分に恐れ入ります。○○様はいらっしゃいますでしょうか？

POINT 「大変失礼なことは十分承知しておりますが…」という「大人の常識」をわきまえている表現です。

▶ 休日にお願いするとき

❌ お休みでしたよね？

⭕ **お休みのところ**
申し訳ありません。

実例 お休みのところ申し訳ありません。急を要するため
連絡させていただきました。

POINT 「のっぴきならない用事ですので…」ということを
伝えることができます。こちらの事情を丁寧に伝え
ることも大切です。

▶ 何度もお願いするとき

❌ 何度もすいません

⭕ **たびたび**
申し訳ありません。

実例 たびたび申し訳ありません。追加で1点確認させて
ください。

POINT 「お忙しい中、お時間を取らせてすみません！」と
いうことを短い言葉で伝えることができる表現です。

▶ 確認して受け取ってもらいたいとき

❌ 届いたら確認しておいてください

⭕ **ご査収ください。**

実例 原稿と資料を添付しますので、ご査収ください。

POINT 「確認・追加・修正等あれば…」を一言で表現する
言葉。「査収」は確認して受け取る意味の単語です。

▶励ましてもらいたいとき

✖ 頑張りますのでよろしくお願いします

⭕ ご鞭撻のほど
よろしくお願いします。

実 例 今後ともご鞭撻のほどよろしくお願いします。

POINT 「謙遜」と同時に「依頼」も含んだ便利な言葉で、当たり障りが無い表現なので、多用していきましょう。

▶注文してもらいたいとき

✖ 注文待ってます

⭕ ご用命ください。

実 例 ○○がご入り用の際は、是非ご用命ください。

POINT 「必要なときには、お声をかけてください」をより一層丁寧に伝える言い方。取引先に使うとよいでしょう。

ご用命くださぃ！

▶ しっかりと教えて導いてほしいとき

✖ ちゃんと教えてくださいね

**◯ ご指導のほど
お願いします。**

実 例 若輩者のため、ご指導のほどお願いします。

POINT 「単なる甘え上手」ではなく、「わきまえている」ということをアピールできます。キャリアが短い間によく使う表現。

▶ 同時に多数の人にお願いするとき

✖ わかる人は教えてください

◯ お心当たりのある方は……

実 例 昨日の会議の忘れ物の件、お心当たりのある方は、ご連絡いただければと思います。

POINT 「遠慮なくお問い合わせください」という相手の負担感を軽減する表現。問い合わせがあったときは「お問い合わせありがとうございます」と言うとさらによいでしょう。

▶ 一緒に行ってもらいたいとき

✖ 一緒に行ってくれますか?

**◯ ご同行を
お願いできますか?**

実 例 先方への説明のためにご同行をお願いできますか?

POINT 「一緒にお願いします」というより、相手を「尊重している」というニュアンスを伝えられる表現です。日時・場所の連絡も忘れずに。

▶ 見てもらいたいとき

✕ 見ておいてください

| ◯ | ご高覧<ruby>こうらん</ruby>ください。 |

実例 資料を送付しましたので、ご高覧ください。

POINT 相手の「立場」を高める効果がある表現です。「見ておくだけでよい」と相手の負担感を減らす表現でもあります。

▶ 察してもらいたいとき

✕ 察してください

| ◯ | ご賢察<ruby>けんさつ</ruby>ください。 |

実例 何卒事情をご賢察ください。

POINT 「察してください」ということを相手を尊重しながら伝える言い方。こちらの事情を理解してもらうための理由は、しっかりと説明しましょう。

▶ 気をつけてもらいたいとき

✕ 気をつけてください

| ◯ | ご留意ください。 |

実例 ○○の点、ご留意ください。

POINT ともすると、注意・勧告で一方的な表現になりがちな印象を緩和することができる大人の言い方です。

▶ 許してほしいとき

✖ 許してください

○ ご寛恕（かんじょ）くださいますよう
お願い申し上げます。

実 例 私の不手際について、ご寛恕くださいますようお願い申し上げます。

POINT 自分のミスについて、許しを乞うときに使う表現。主に文章表現で使うので、口語で使うときは改まった場で使用するとよいでしょう。

▶ 今後も長い付き合いをお願いするとき

✖ これからもよろしくお願いします

○ 末永くどうぞ
よろしくお願いします。

実 例 このたびはありがとうございました。今後も末永くどうぞよろしくお願いします。

POINT お礼だけで終わらず「今後もよろしくお願いします」という意思を伝えることができる表現です。

▶ 忙しい最中の人にお願いするとき

✖ お忙しいとは思いますが……

○ ご多用中とは
存じますが……

実 例 ご多用中とは存じますが、ご検討いただければ幸いです。

POINT 相手の都合や状況を配慮した表現です。月末、年末などの繁忙期に付け加えると相手の印象がよくなります。

✕ 知ってるとは思いますが……

**〇 ご存じの方も
いらっしゃると
思いますが……**

実例 ご存じの方もいらっしゃると思いますが、○○が流行の兆しを見せ). ております。

POINT 相手の自尊感情を守った肯定的な表現と同時に相手の反発も招かないで済む、かしこい言い方です。

▶ 見たかどうか聞きたいとき

✕ 見ましたか?

**〇 ご覧になって
いただけましたか?**

実例 先日送付いたしました企画書ですが、ご覧になっていただけましたか?

POINT 「手元に届いているかどうか」「確認してもらっているかどうか」を同時に確認できる効率的な頭のよい表現です。

▶ 意見を言ってほしいとき

✕ 意見をください

**〇 お考えを
お聞かせいただけますか?**

実例 ○○に関して、○○さんのお考えをお聞かせいただけますか?

POINT 意見を聞く姿勢を示すことで相手の存在を肯定し、きちんと認識していることを伝えることができます。

▶ 担当者の名前を聞きたいとき

✖ なんというお名前ですか？

◯ 失礼ですが、お名前を教えていただけますか？

実例 ○○と申します。失礼ですが、ご担当の方のお名前を教えていただけますか？

POINT 名前を直接聞くというのは唐突な感じを与えかねません。また大人として人にものを尋ねるときには、「失礼ですが…」の一言は、すぐに出るようにしておきたいもの。

▶ 電話番号を聞きたいとき

✖ 電話番号は何番ですか？

◯ 念のため、お電話番号を教えていただけますか？

実例 不明点が出た場合のために念のため、お電話番号を教えていただけますか？

POINT 連絡の取れる状態にしておくのはビジネスの鉄則。それを「念のため」という言葉で、上手に電話番号を聞いているのがポイント。

▶ 継続してお願いしたいとき

✖ また、よろしくお願いします

◯ ご苦労をおかけしますが、引き続きよろしくお願いします。

実例 ご苦労をおかけしますが、引き続きどうぞよろしくお願いします。

POINT 「苦労」という言葉は基本的には目上から目下に使う言葉だということは覚えておきましょう。

▶ 無理を承知で頼み事をしたい

✖ これは無理ですよね…?

> **他ならぬ**
> ⭕ **○○さんだからこそ、**
> **お願いしています。**

実例 他ならぬ○○さんだからこそ、お願いしています。ご協力いただけないでしょうか?

POINT 「他でもない、○○さんだからこそ!」と相手を持ち上げるくらいに伝えるとよいでしょう。言い方ひとつで、相手がその気になるかならないかの分かれ道になります。

▶ 電話をしておいてほしい

✖ 電話しておいてください

> **電話連絡、**
> ⭕ **くれぐれも忘れないように**
> **してください。**

実例 何度も申し訳ありませんが、電話連絡、くれぐれも忘れないようにしてください。

POINT 忙しい中での依頼ごととなると、一言の連絡を怠ってしまう可能性も。具体的に「○○さんへの連絡」や「くれぐれも!」と言うことで相手によりよく伝わります。

SCENE 02

要求するシーンでは、自分の意見を伝えつつ相手の感情に配慮した表現が必要です。

要求する

▶ 謝罪してもらいたいとき

✖ ○○の件、おわかりだと思いますが……

○ ○○の件は申し上げるまでもないとは思いますが……

実例 ○○の件は申し上げるまでもないと思いますが、ご留意いただけると助かります。

POINT 「おわかり」というより「申し上げるまでもない」という表現によって、「憤慨している」「失礼だ」などの怒りの感情を伝えることができます。

▶ 支払いを催促する

✖ 入金してくれますか?

○ 行き違いかもしれませんが、ご入金がまだのようですが……

実例 行き違いかもしれませんが、現時点ではご入金がまだのようですが…

POINT まず「行き違いかもしれませんが」の一言を。その上で「ご入金がまだのようですが…」と言葉を濁して相手に支払い催促の旨を察してもらいましょう。

▶ 相手のミスを認めてもらう

✖ **あなたがミスしたせいでこうなったんですよ**

○ **○○さんらしくもなく
驚いています。**

実 例 先日の○社の件、○○さんらしくもなく驚いています。

POINT 「ミスを起こしたのは事実」という前提で「○○さんらしくなく、驚いている」と言って相手の反省を促す大人の言い方。

▶ 自分の功績を認めてもらう

✖ **私のおかげでこうできたんですよ**

○ **○○したのが、
たまたま
私だったのですが……**

実 例 担当したのが、たまたま私だったのですが、○○さんのおかげで、成功しました。

POINT 「自分だけの力ではなく、運も味方した」ということを「たまたま」と表現して謙遜しつつ、でも自分が行ったのは事実ということを伝えています。

▶ 仕事の質を上げてもらう

✖ **もっと質のいい仕事をしてください**

○ **期待しています。**

実 例 ○○さんの活躍に期待しています！

POINT 「期待している」と表現すれば、相手のことを認めていることが前面に出て、相手も奮起してくれます。

▶ 仕事のスピードを上げてもらう

✖ もっとスピードを早くしてください

○ ○○さんが気を揉んでいらっしゃいますよ。

実例 例の件、進展はいかがですか？ ○○さんが気を揉んでいらっしゃいますよ。

POINT 相手にとって脅威の存在である人物の名前を出して、その方が気を揉んでいるという言い方をすることで、相手に対して影響を及ぼし、やろうという気持ちにさせます。

▶ 次の仕事（機会）をもらえるように要求する

✖ 次もお願いしますよ〜

○ お役に立てて光栄です。今後ともよろしくお願いいたします。

実例 ○○さんのお役に立てて光栄です。今後ともよろしくお願いいたします。

POINT 「今回の仕事では期待に応えたので、今後も仕事の依頼をしてほしい」という気持ちを「あなたのお役に立てて光栄」と相手側へのメッセージに変えているところがミソ。

▶ たくさんの人に協力してもらいたい

✖ みなさん協力してください

○ みなさまのご協力なくしては実現できません。

実例 以上、説明したとおり、この案件はみなさまのご協力なくしては実現できません。

POINT 「みなさんにご協力をいただくことが大前提です！」ということを強調した表現。一体感を表現することでモチベーションアップを狙った大人の言い方。

▶ 特定の人にもっと積極的になってもらいたい

✗ ○○さん、もっと積極的になってよ

○ **○○さん！
お客様が待っているよ！**

実例 ○○さん！　お客様が待ってるんだから、がんばって！

POINT 本人の問題として指摘するのではなく、全員共通の「お客様」を対象にした言い回しに変えています。「急がなければ！」という気持ちも掻き立てる大人の言い方。

▶ モチベーションを上げてもらいたい

✗ もっとやる気出せよ！

○ **そろそろ
挽回のチャンスだね！**

実例 ○○さん、そろそろ挽回のチャンスがめぐってきたね。

POINT 本領を発揮していない相手に、「挽回のチャンス」という言葉は効果的。なぜなら、今も変わらず期待しているということが伝わるからです。

▶ 繰り返し説明してもらう

✗ もう一度説明してもらえますか？

○ **重要な内容なので、
もう一度うかがえますか？**

実例 重要な内容だと思いますので、念のため、もう一度うかがえますか？

POINT 「もう一度お願いします」というリクエストを出すときには、相手を気遣った言葉遣いを考えましょう。「重要な内容なので…」を入れてから説明を求めましょう。

▶ 協力してもらいたいとき

✕ 協力してください

○ お力添えいただけますか？

実例 ○○さんにお力添えをいただければ幸いです。

POINT 「ご協力」という言葉よりも、より丁寧であり、「是非ともよろしく」という気持ちが伝わる表現です。

▶ 経験豊富な人へのお願い

✕ やったことある人にお願いしたくて……

○ 経験豊富な○○さんに是非お願いしたく思いまして……

実例 勝手ながら、経験豊富な○○さんに是非お願いしたく思っております。

POINT 単に「○○さんに」というよりは「経験豊富な〜」とすれば、相手を尊重していることが伝わります。

▶ 話題を変えて聞きたいとき

✕ 話、違うんですけど……

○ つかぬことをうかがいますが……

実例 つかぬことをうかがいますが、来週ご都合のよい日はありますか？

POINT それまでの話と関連づけながら別の話を聞くときに使う表現。「つかぬことを…」と切り出すことで相手が聞く体勢に入ります。

▶ 来てもらいたいとき

✖ 来てください

○ **お運びください。**

実 例 打ち合わせを行いたいのですが、弊社までお運びいただけますか？

POINT 「来て」というところを「お運び」ということで、「恐縮している」というニュアンスを伝えることができます。

▶ 来てもらいたい願望を伝える

✖ 待ってます

○ **お待ち申し上げます。**

実 例 では、来週の火曜日 15 時にお待ち申し上げます。

POINT 自分がへりくだって、相手を立てていることを瞬時に伝えることができる表現です。相手に対する気遣いを伝えることもできます。

おカ添えいただけますか？

▶ 参加してもらいたいとき

✖ 参加してください

**○ ご参加賜（たまわ）りますよう
お願いいたします。**

実例 ご多忙とは存じますが、ご参加賜りますようお願い
いたします。

POINT 「お忙しいところ恐縮ですが、そこを押して何とか、
是非とも！」というニュアンスを伝える表現です。

▶ 必ず来てもらいたいとき

✖ 是非、来てください

**○ ご来臨（らいりん）いただきますよう
お願いいたします。**

実例 懇親会にご来臨いただきますようお願いいたします。

POINT 少々硬い表現ではありますが、立場が上の方に対し
ては有効な表現。招待状など文章表現でもよく使い
ます。

▶ 必ず来てもらいたいとき

✖ どうかお越しください

**○ ご臨席（りんせき）いただきますよう
お願いいたします。**

実例 弊社の発表会にご臨席いただきますようお願いいた
します。

POINT 目上の人や重要な取引先に対して有効な表現。また、
あらたまった印象を伝えることもできます。

✕ **連絡してください**

○ **ご一報いただけると
幸いです。**

実例 ○○の件、詳細が決まりましたら、ご一報いただけると幸いです。

POINT 「ご連絡」というより、より丁寧でへりくだった言い方。簡易な連絡でも構わないというニュアンスで負担感を軽減する効果も。

▶ 詳細な説明をしてほしいとき

✕ **しっかり説明してくれないとわかりません**

○ **ここは、
具体的におっしゃいますと
どのように……**

実例 ○○の点、具体的にはどのようになりますか？

POINT 話し言葉自体が抽象的で、曖昧な表現が多いので、頻繁に使うフレーズのひとつ。聞く姿勢や真剣さを示すこともできます。

▶ 難しいお願いをするとき

✕ **難しいとは思うのですが……**

○ **誠に厚かましい
お願いなのですが……**

実例 誠に厚かましいお願いで恐縮ですが、ご検討いただけないでしょうか？

POINT 強引にお願いするようなときに使う表現。「申し訳ない」という気持ちがしっかりと伝わるように、表情や語調を重めにするなどの気配りをしましょう。

▶ 参加を要求するとき

✖ 参加してください

○ ご参加お待ちしています。
お会いできるのを
楽しみに……

実例 ご参加お待ちしています。では、当日お会いできるのを楽しみにしております。

POINT 「お会いできるのを楽しみにしています」と受けていただけることを期待した表現で、自分の気持ちを効果的に伝えられます。

▶ 即答が難しい要求をするとき

✖ やっていただけますか?

○ ご相談させてください。

実例 もし難しいようでしたら、納期などご相談させてください。

POINT 「もし、〜」ということで、「万が一」「念のため」というニュアンスを伝えることができる表現です。

▶ 注意点を加えて要求するとき

✖ ○○に気をつけてくださいね

○ ○○の点、あらかじめご了承ください。

実例 すでにお伝えさせていただきましたが、○○の点、あらかじめご了承ください。

POINT 「再確認ですが…」「重要なことなので…」ということを伝えられる表現。相手に「もう聞いてるよ!」「しつこいな!」と思われることを回避できる大人の言い方。

▶ 人を紹介してもらうとき
✖ **紹介してください**

○ # お口添えをいただければ幸いです。

実例 ○○さまにお口添えをいただければ幸いです。

POINT 人とのつながりは、信用が大切です。紹介する人に「この人なら紹介してもいいだろう」と思ってもらえるような表現にすることが重要です。

▶ 引き続きお願いするとき
✖ **今後も頼みますね**

○ # 引き続きになりますが……

実例 引き続きになりますが、何卒よろしくお願いします。

POINT 「まだ続きますが…」という応援・確認・感謝などの意味合いを伝えることができる表現です。継続した関係を築いていくときに便利な表現。

▶ 忙しい相手にお願いするとき
✖ **ちょっと時間いいですか？**

○ # 2分だけ……

実例 ○○の件について、2分だけよろしいでしょうか？

POINT 人は他人の話を集中して聞くことができないもの。ところが時間を区切って「2分だけ」という表現にすることで、相手の負担感が減り、相手を聞く気にさせることができます。

SCENE 03

相手の言葉や誘いに対して、気に入られるような言い方をすることがポイントです。

応対する

▶お世話になっている人からの申し出を受け入れる

✖ いつもすいません！

◯ 日頃のご厚意に甘えまして……

実 例 日頃のご厚意に甘えまして、頂戴いたします。

POINT 普段からお世話になっている相手に使う表現。「日頃の感謝を忘れていません」という敬意を示すことができます。

▶すぐに対応するとき

✖ いきなりですが……

◯ 早速ですが……

実 例 早速ですが、お話を聞かせていただけますか？

POINT 余計な前置きがいらないとき、お互い急いでいるとき、本題にさっと入りたいときなどに重宝する表現です。

▶ 取引先の人の誘いに応じる

✘ **いいですよ。行きましょう**

⭕ **喜んでご一緒させて
いただきます。**

実 例 喜んでご一緒させていただきます。すごく楽しみです。

POINT 同じ誘いに乗るにしても、しぶしぶ、仕方なく、不満げに、では、誘った方もがっかりしてしまいます。「喜んで！」と言えば相手に与える印象がよくなります。

▶ 先輩からの取引先との食事会への誘いに応じる

✘ **スケジュールが合えば行きます**

⭕ **是非ご一緒させて
ください。**

実 例 是非ご一緒させてください。楽しみにしています。

POINT 先輩から誘われるということは、好意を持たれ、信頼されている証拠。できれば、打てば響くように反応を示すことが望ましいです。

▶ 上司からの誘いに応じる

✘ **遅くならなければ大丈夫です**

⭕ **私でよければ、
お供いたします。**

実 例 私でよければ、お供いたします。いろいろお話を聞かせてください。

POINT 上司の誘いとなると、構えたり、面倒臭かったりと、いろいろな不安感が先立ちがちですが、そう頻繁にある機会ではないので、まずは気持ちよく受けるのが大人。

▶上司からの社外の活動の誘いに応じる

✖ たぶん行けます

⭕ **お誘いいただきまして、ありがとうございます。**

実例 お誘いいただきまして、ありがとうございます。以前からご一緒したいと思っていました。

POINT 上司自らの誘いであることを考えなければなりません。誘う側の立場や気持ちというところに目が向くか否かが、大人か否かの分かれ道と心得ましょう。

▶相手の提案に乗じるとき

✖ 助かります

⭕ **お言葉に甘えて……**

実例 お言葉に甘えて、お願いしてもよろしいですか？

POINT いつもクールに振る舞うのではなく、ときには相手に甘え、相手の自尊心をくすぐる「甘え上手」な面を出せるのも大人です。

▶一生懸命頑張るということを伝える

✖ 頑張りますので……

⭕ **精一杯努力いたしますので……**

実例 精一杯努力いたしますので、何卒よろしくお願いします。

POINT 相手の胸を借りるような場合の言い方。目下の人がさわやかに目上の人にお願いするようなときに有効な表現です。

▶ 快く引き受ける

✖ やりたかったので、引き受けます

○ 願ってもないチャンス、
ありがとうございます。

実例 私のような者に願ってもないチャンスをいただき、ありがとうございます。

POINT キャリアが短い、若い世代の人は背伸びせず、ストレートに喜びを伝えることがポイントです。相手もそれを期待しています。

▶ 商談の話を受けたとき

✖ やらせてくれるんですか。ありがとうございます

○ 結構なお話をいただき
感謝します。

実例 結構なお話をいただき感謝します。期待に応えられるように頑張ります。

POINT まだ結果がわからないようなときの言い回し。当たり障りのない表現なので、自信がないときでもこの表現を使っておけば間違いはありません。

▶ 仕事の指示をもらいたいとき

✖ 何でも言ってください

○ 何なりと
お申しつけください。

実例 私にできることがあれば、何なりとお申しつけください。

POINT 「近づきすぎず、離れすぎず」と、ある一定の距離感を保ちたいときによく使う表現です。依頼が現実化したときはきちんと対応しましょう。

▶ 急ぎの仕事を受けたとき

✖ ちょっとやってみます

⭕ 早速取りかかってみます。

実例 アドバイスありがとうございます。早速取りかかってみます。

POINT 「よいアドバイスなので、すぐに実行します！」という感謝の気持ちを効果的に伝えられる表現です。

▶ 一緒に行くことを伝える

✖ 一緒に行きましょう

⭕ 相伴（しょうばん）させていただきます。

実例 お誘いに感謝します。相伴させていただきます。

POINT 目上の人からの誘いに使う表現。普段はなかなか使う機会がありませんが、大きな会食に誘われたときなどに使えると印象が変わります。

▶ 誘いに応える

✖ 参加します

⭕ 遠慮なく参加させていただきます。

実例 ○○のお誘い、遠慮なく参加させていただきます。

POINT お誘いへの感謝と快く参加したい気持ちがスムーズに伝わる表現です。テンションを高めに元気よく伝えれば、さらに好印象。

▶ 非常に難易度の高いものに対応するとき

✖ **無理だと思いますが……**

> ⭕ **難しいかも
> しれませんが……**

実 例 難しいかもしれませんが、可否をなるべく早く連絡
させていただきます。

POINT 「返事はできるだけ早くして、お待たせしないよう
にします」という配慮の言葉。責任を持って早めに
連絡をすることも重要です。

▶ やや難しいものに対応するとき

✖ **とりあえずやります**

> ⭕ **できるだけ、
> ご希望に添えるように
> 頑張ります。**

実 例 できるだけ、ご希望に添えるように尽力します。

POINT 「できるだけ要望に応えられるよう努力する」とい
うことを丁寧に伝える表現。要望をきちんと聞き出
すことも忘れずに。

SCENE 04

誰かを誘うときには、誘う相手の都合や状況にも気を配った表現を使いましょう。

誘う

▶ 来てほしいとき

✗ みなさんでどうぞ

○ お誘い合わせの上、お越しください。

実例 ○○の懇親会、お誘い合わせの上、お越しください。

POINT 「どうぞ皆様にお声をかけていただいて、お気軽にご出席ください」の最上級の言い方。文章表現でも使える言い回しです。

▶ 次回また会いたいとき

✗ また会いましょう

○ またお目にかかれますこと楽しみにしております。

実例 本日はありがとうございました。またお目にかかれますことを楽しみにしております。

POINT 別れ際によく使うフレーズ。言い回しだけでなく、態度や礼節にも気を配ってプラスの印象で終わることがポイント。

▶ できればお願いしたいとき

✖ めんどくさくない範囲で……

○ **ご面倒でなければ……**

実例 ご面倒でなければ、お願いできますでしょうか？

POINT 「ご面倒でなければ」というフレーズを使って相手の負担感を軽減する言い方です。「〜できますか」という肯定的な表現にしているのもポイントです。

▶ 都合が合えば来てほしいとき

✖ 大丈夫なら来てください

○ **ご都合がよろしければ お越しいただけますか？**

実例 ○○の打ち合わせ、ご都合がよろしければご参加いただけますか？

POINT 「お忙しい中、恐縮です」「是非ともご参加ください」「お待ちしております」を伝えられる表現です。

▶ 初対面の挨拶をしたいとき

✖ 挨拶させてもらえません？

○ **まずはご挨拶だけでも よろしいでしょうか？**

実例 商談ではなく、まずはご挨拶だけでもよろしいでしょうか？

POINT 「商談」というと相手が身構えてしまうため、「挨拶くらいなら…」と思わせて、相手の負担感を軽減する表現。

▶ 取引先の人を食事に誘う

✖ 食事に行きませんか？

> ## ◯ お食事でもいかがですか？

実 例 堅い話はなしにして、お食事でもいかがですか？

POINT 話が行き詰まったときなど、気分を変える、空気を変える効果がある表現。気分を変えれば新たな発想が生まれることも。

▶ 取引先の異性を食事に誘う

✖ ゴハン行きませんか？

> ## ◯ 食事でもしながら……

実 例 食事でもしながら、詳細を詰めさせていただけませんか？

POINT 相手が異性でも、あくまでも仕事上の付き合いを前提として、「お互いにリラックスして、話し合いましょう」というニュアンスを伝えましょう。

▶ 取引先との食事に後輩を誘う

✖ 一緒に◯◯社との食事会に行かないか？

> ## ◯ 君が一緒だと
> ## 誘いやすいんだけどな……

実 例 先方が君のことを気に入っているから、君が一緒だと誘いやすいんだけど…

POINT 「君がいると、違う！」という相手の自尊感情をくすぐる言い方。しかもそこに「お客様の反応が違う」という表現が加われば、後輩は舞い上がってしまいます。

▶ 上司をランチ（飲み会）に誘う

✗ **部長、今日ランチ（飲みに）行きますか？**

○ **ここのところ じっくりお話しして いないですね！**

実例 部長ともここのところじっくりお話ししていないですね。ランチでもいかがですか？

POINT 年配者や部長クラスの人ともなれば「ここのところ飲みに行っていないですね…」とほのめかせば、大人として部下の言いたいことも察してくれるはずです。

▶ （パーティなどに）必ず参加してほしいとき

✗ **絶対参加してください**

○ **万障お繰り合わせの上、 ご出席ください。**

実例 ○○の忘年会、万障お繰り合わせの上、ご出席ください。

POINT 「さまざまな不都合な事情を調整して出席してほしい」という意味合いです。親しい仲でも、仕事や公式の場、改まった場に誘うときに使う言い回しです。

▶ 待ち望んでいることを伝える

✗ **どうぞいらしてください**

○ **心よりお待ちしております。**

実例 皆様のご来訪を心よりお待ちしております。

POINT 「お待ちしている」の方がより積極的な姿勢を見せることができ、来る方も負担が少なくなるので参加しやすくなります。

「日常」ですぐに使える言い方＆聞き方

日常生活での会話をさらに実りあるものにするための、役立つ言い方＆聞き方を紹介します。話をはずませるあいづち、会話を途切れさせない聞き方、話題を変えたいときのフレーズなどを覚えて、話し方を改善していきましょう。

話をはずませる「あいづち」

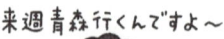

来週青森行くんですよ〜

へぇ〜…

Aさん「来週の日曜、青森へ行くんですよ。でも天気予報で雪とか言っていたから、ちょっと気が乗らなくて……」

Bさん「へぇ〜……（そのあと無言）」

Cさん「うわー、それは大変ですよね。新幹線で行くんですか？」

POINT Bさんの対応では、相手の話に興味がない印象を与えてしまいます。一方、Cさんは「大変ですよね」と共感し、さらに質問を返して会話を広げています。

「あいづち」だけで会話が充実する！

　「会話は言葉のキャッチボール」とよく言いますが、せっかく相手からいいボールがきても、それをうまく返せなくては会話も充実しません。そこで重要になってくるのが、会話中の「あいづち」「うなずき」です。

　あいづちやうなずきは、相手に対して「話を聞いていますよ」というメッセージを送るようなもの。仮に会話のボキャブラリーが乏しくても、あいづちが上手ければ「あの人と話をすると楽しい」という印象をもってくれます。いわば会話の潤滑油のようなものなので、有効活用して相手から多くの話を引き出していきましょう。

あいづちの種類とポイント

あいづちは、その打ち方によりさまざまな役割が存在します。言葉の選択を間違えると「話を聞いていない」と思われてしまうので、的確なあいづちを打つよう心がけましょう。

同意 「そうですね」「なるほど」「たしかに」「そのとおりですね」

Aさん「今日は本当に暑いですよね」

Bさん「そうですね。36℃ですって」

POINT 相手の話に同意したことを伝えるあいづちで、会話をさらに盛り上げ、円滑にしていく効果を有しています。

共感 「大変でしたね」「わかりますよ」「苦労しましたね」「心配ですね」

Aさん「昨日も課長に1時間説教されたよ」

Bさん「大変でしたね。課長って、話長いですからね」

POINT 「同意」よりもさらに一歩踏み込んだ、相手の気持ちを認めたあいづち。相手と同じ心境に立つことで、仲間意識も芽生えてきます。

促進 「というと?」「それから、どうなりましたか?」「例えば?」

Aさん「田中さんって、独立してから大きい仕事決めているみたいですよ」

Bさん「そうなんです。例えばどんな案件ですか?」

POINT 相手との会話が途絶えそうなときに有効なフレーズ。「例えば?」などといって、相手に話を進めるよう促します。

整理・要約 「ということは」「一言で言えば」「要するに」

Aさん「長々話してきたけど、こういう理由で彼氏と別れたの」

Bさん「要するに、性格の不一致から別れたってことだよね?」

POINT 会話が長くなったり、ゴチャゴチャになったりしたときに、話を要約して内容を整理したいときに使います。

転換 「ところで」「そういえば」「その話で思い出しましたが」

Aさん「そういうわけで、今月は2倍の売上を達成しました」

Bさん「ところで、純利益の方はどうなっている?」

POINT 話の流れや方向を変えたいときに使えるフレーズ。ただし、多用しすぎると相手に不快感を与えてしまうので要注意です。

会話を途切れさせない言い方

Aさん「先月、広島へ旅行に行ったそうですね。宮島には行きましたか？」
Bさん「はい」

▼

Aさん「先月、広島へ旅行に行ったそうですね。どこへ行きましたか？」
Bさん「宮島です。厳島神社にもお参りしましたよ」

POINT 相手に自由に答えさせる、いわゆる「オープン・クエスチョン」の一種で、答えに制約がありません。上記の質問ではBさんから「厳島神社」という語句が出たことで、会話がさらに広がっていきます。

相手によって話し方を変える

　話し相手が寡黙な場合、「はい」「いいえ」の一言で回答が終わる質問をし続けると、沈黙のときが流れて気まずくなってしまいます。そんな場合は、「オープン・クエスチョン」で回答者にのびのび語ってもらいましょう。

　ただ、相手が優柔不断な場合、会話がスピーディーに進まなくなることも。そんなときは質問に選択肢を入れ込んだ「クローズド・クエスチョン」が有効です。相手が回答で悩む時間が減り、会話もサクサクと進んでいくことでしょう。

●クローズド・クエスチョンでの会話例

Aさん「今週末はどこへ行こうか？」
Bさん「……えーと、そうだなぁ（→考え込む）」

▼

Aさん「今週末は動物園へ行こうか？　それとも遊園地にする？」
Bさん「遊園地がいいかな」

POINT 選択肢を絞ることで、相手の時間や手間を省くことができます。優柔不断な相手だけでなく、すぐに決めたい場面でも効果的な手段です。

相手の話を聞くときに気をつけるポイント

会話は人と人との双方向コミュニケーションなので、うまく話したいなら「聞く力」を養うのが大事です。聞き方に関する5つの問題点と、その解決法を紹介します。

1 早とちり、早合点をして相手の話を間違えてしまう

➡ **しっかりと確認することが大切**

POINT 頭の回転が速い人にありがちなミスです。誤解を招いて相手との関係が悪化してはどうしようもないので、確認しながら話を進めていきましょう。

2 相手の話がつまらないのでぼんやりしたり、眠くなったりする

➡ **会話の中で自分との共通点を探し、自分の聞き方を再確認する**

POINT 会話に集中できないのは、話の内容に関心がないから。興味があれば話も楽しく聞けるので、会話の中で相手との共通点を探しながら聞きましょう。

3 自分が話す内容ばかり気にして、相手の話を聞こうとしない or 遮ってしまう

➡ **相手の話を聞くことを第一に。「話を遮ったら会話はおしまい」と考える**

POINT 聞く姿勢をおろそかにしていると、相手との信頼関係も築けません。まずは相手を尊重し、話を聞くことを第一に考え、相手の話を遮断することは避けましょう。

4 話を聞くとき、腕を組んだり、無表情になったりする

➡ **話し手の「目から入る印象」を悪くしないようにする**

POINT 話し手は、聞き手の態度が気になってしまうもの。腕組みや無表情は「自分の話に興味がないのかな」と思わせてしまうので、姿勢を正して聞くべきです。

5 相手の話の内容に不明点があっても、質問や確認をしない

➡ **「聞くは一時の恥、聞かぬは一生の恥」**

POINT とくにビジネスの場で不明点を放っておくと、誤解を生んでしまいます。自信がなければ相手に随時確認し、正確な情報をつかんでおきましょう。

腹式呼吸で「話し方」を変える

生きていく上で絶対に欠かせない「呼吸」ですが、「話す力」を向上させるには、この呼吸が重要なカギを握っています。自分の呼吸や息継ぎに注意を払いつつ、正しい呼吸法をマスターしていきましょう。

簡単トレーニングで腹式呼吸をマスター

普段、吸う時間と吐く時間はほとんど同じですが、これが会話になると吐く時間の方が長くなります。その結果、少し長い話をすると口が渇き、それがヘンな口癖やあがり症、会話中の息切れへとつながってしまいます。

こうした現象を防ぐには、鼻で息を吸い、ゆっくりと吐く「腹式呼吸」をマスターするとよいとされています。トレーニングは自宅でも会社でも、どこでも簡単にできるので、すき間時間を使ってトライしましょう。

腹式呼吸トレーニング

1 しっかりと立つ
背筋を伸ばし、肩の力を抜いて、両足をしっかり地につけて、安定した姿勢で立つ。

2 まずは息を吐く
体に必要な酸素を取り込むために、体内にある二酸化炭素（息）を口から吐き出す。このとき、急がずゆっくり息を吐くようにする。

3 ゆっくりと息を吸う
肺の中の空気を全部出し切ったら、今度は口を閉じ、鼻から息を吸っていく。このときお腹が膨らんでいたら、腹式呼吸ができている証拠。

4 ゆっくりと息を吐く
5秒ぐらいで息を吸い、約2秒息を止め、6秒ぐらいでゆっくりと息を口から吐く。このときお腹がへこんでいれば、腹式呼吸ができている証拠。

第 2 章

感謝するときの
モノの言い方

感謝する

・

ねぎらう

・

ほめる

SCENE 01

感謝の気持ちを伝える場面では、相手がしてくれたことを想像しながら伝えましょう。

感謝する

▶ 取引先が仕事の受注を通してくれたとき

✕ お仕事をいただき……

⭕ お骨折りいただき……

実例 このたびはお骨折りいただきまして誠にありがとうございました。

POINT 「苦労し、努力し、精を出してくれた」と理解を示すことで、相手に対する感謝の気持ちが伝わります。

▶ 大事なコンペのプレゼンで勝ったとき

✕ 流石です。ありがとうございました

⭕ ご尽力いただき……

実例 このたびは我々の企画の採用にご尽力いただき、誠にありがとうございました。

POINT 相手の協力に対して感謝する気持ちを伝えられます。日頃から感謝の気持ちを伝えるようにしましょう。

▶ 受注した仕事をやり終えたとき

✗ お疲れさまでした

○ **お力添えいただき ありがとうございました。**

実例 このたびはお力添えいただきありがとうございました。無事終えることができました。

POINT 手助け、後押し、支援してくれたことに対する感謝を示せます。目上の人に効果的なフレーズです。

▶ お願いしていた仕事を通してもらった

✗ いつものことながらありがとうございます

○ **甚大なるご配慮をいただき ありがとうございます。**

実例 弊社のために甚大なるご配慮をいただき、誠にありがとうございます。

POINT 感謝の程度が極めて大きいときに使う言葉です。多少のことに使ってしまうと言い過ぎな印象を与えてしまうので注意。

▶ 日程調整をお願いしたとき

✗ 融通してもらえたら幸いです

○ **ご対応いただけましたら 幸甚に存じます。**

実例 お手数ですが、ご対応いただけましたら幸甚に存じます。

POINT この上ない幸せ、大変ありがたいという感謝の気持ちを示します。オーバーにならないようにときと場合を選んで使いましょう。

▶ 会議の都合を合わせてもらったとき

✖ ありがたく存じます

○ 恐悦至極（きょうえつしごく）にございます。

実例 私どもの都合に合わせていただき、恐悦至極にございます。

POINT 相手の好意を、この上なくもったいなく感じるという気持ちを表します。時代劇によく出てくる台詞でもあります。

▶ お祝いの品をいただいたとき

✖ ○○をお送りいただき……

○ お心遣いをいただき……

実例 いつも多大なるお心遣いをいただき、誠にありがとうございます。

POINT 質・量ともに最大限の感謝の気持ちを表す言葉です。気持ちを込めて伝えると、さらに印象がよくなります。

▶ 昇進祝いをいただいたとき

✖ ありがとうございます

○ お気持ちだけでも大変ありがたく存じます。

実例 お祝いの品もさることながら、お気持ちだけでも大変ありがたく存じます。

POINT 自分にはもったいない行為に対しての感謝を示します。何かをもらったときはそれに対する謝辞も忘れずに。

▶ 想像以上に評価してもらったとき
✗ **ありがとうございます**

○ **身に余る光栄です。**

実例 身に余る光栄と、心より感謝申し上げます。

POINT 「私のような者が…」と「もったいない」「身に余る」という気持ちを表すフレーズです。条件のよいオファーを受けたときなどにも使います。

▶ 急ぎの仕事を間に合わせてもらった
✗ **なんとか間に合いました**

○ **無理を承知で
お願いしましたが……**

実例 無理を承知でお願いしましたが、本当に感謝しています。

POINT 仕事となれば無理を承知でやらなければならないことも。「一段落するまで申し訳ないという気持ちを我慢した」という意図を伝えることもできます。

▶ 失敗をフォローしてもらったとき
✗ **大変失礼しました**

○ **誠に頭が下がる
思いで……**

実例 この度は誠に頭が下がる思いでいっぱいです。

POINT 失敗に対する謝罪とフォローへの感謝を伝える言い方です。「誠に」をつけると少々堅い印象になるので、使いどころに注意。

▶ 大事な仕事をフォローしてもらったとき

✖ 助けていただき……

○ ご助力（じょりょく）いただき……

> **実 例** 今回の案件でご助力いただき、誠に痛み入ります。

> **POINT** 助けてもらったお礼としての丁寧な表現。「痛み入ります」は、少し大袈裟になってしまうかもしれないので、ときと場所を選んで使いましょう。

▶ 自慢の商品を仕入れてもらったとき

✖ 毎度ありがとうございます

○ お眼鏡にかない嬉しく存じます。

> **実 例** 我々の商品が○○部長のお眼鏡にかない嬉しく存じます。

> **POINT** 「お眼鏡にかなう」は相手を高める表現です。少しオーバーな言い回しととらえられることもあるので、嫌みにならないように注意。

▶ 異動に際し、激励の言葉をいただいたとき

✖ ありがとうございます

○ お礼の言葉もありません。

> **実 例** 先日は予想もしていなかった激励をいただき、お礼の言葉もありません。

> **POINT** 「励ましの言葉をいただいて、勇気が出てありがたかった」という感謝の気持ちを表現できます。目上の人に対して使う表現です。

▶ 寒中見舞いの手紙で体調を気遣っていただいたとき

✖ 寒中見舞いをいただき……

○ いつも
お心配りいただき……

実例 いつもお心配りいただきこの上なく嬉しく感じております。

POINT キチンと丁寧に嬉しかった気持ちを伝えるときに使う表現。相手の配慮や心遣いに対する感謝を示します。

▶ 営業先の上役から直々にほめられたとき

✖ ありがとうございます

○ 私のような者には
もったいないお言葉です。

実例 おほめの言葉ありがとうございます。私のような者にはもったいないお言葉です。

POINT 目上の人に「恐れ多い」というニュアンスで感謝を伝えるときに使うフレーズ。オーバーにならないように注意。

▶ 打ち合わせが始まるとき

✖ お忙しいところありがとうございます

○ お忙しいところ
貴重なお時間を
いただき……

実例 お忙しいところ貴重なお時間をいただきましてありがとうございます。

POINT 大人の礼儀として、打ち合わせ前によく使う言葉。このフレーズを入れるのと入れないのとでは、相手に与える印象がかなり変わります。

▶先輩に仕事を教えてもらったとき

✕ ありがとうございます

**◯ 勉強させて
いただきました。**

実例 先輩、勉強させていただきました。ありがとうございます。

POINT 相手の自尊心を守る言い方。敬意を込めて伝えれば、関係性の強化や改善につながるので、チャンスがあれば積極的に使っていきましょう。

▶上司に仕事を手伝ってもらったとき

✕ 手を貸していただいて……

**◯ 私どもの手に余る
内容で……**

実例 今回の件は私どもの手に余る内容でした。さすが課長です。

POINT 相手を立てる言い方。「自分たちだけでは到底できなかった」と言うことで、相手の存在を強調できます。

▶上司が異動になるとき

✕ 今の僕があるのは○○課長のおかげです

**◯ 課長に仕事を
教えていただけて
光栄でした。**

実例 短い間でしたが、課長から直々に仕事を教えてもらうことができて光栄でした。

POINT 年上でキャリアもある人に対しては、歯の浮くような表現やオーバーアクションは不要。むしろさりげなく、短い言葉でよいので気持ちを込めて伝えましょう。

▶ 部下を褒めるとき

✖ よくやった

○ 君のおかげで……

実 例 君のおかげで、大きい仕事を成し遂げることができたよ。ありがとう。

POINT 「君のおかげで」と目上の人から目下の人へ言うと感謝の気持ちが倍増します。部下をねぎらうときに使えるフレーズ。

▶ 自分が異動になるとき、上司に対して

✖ 異動先でも頑張ります！

○ ひとかたならぬ 愛情を注いでいただき……

実 例 ひとかたならぬ愛情を注いでいただき、本当にありがとうございました。

POINT 「並でない、身に余る」という気持ちが伝わるフレーズ。改まって話すことで、相手への尊重の気持ちが伝わります。

SCENE 02

ねぎらいの表現は、これまでの関係性などを共有できるような言い方がよいでしょう。

ねぎらう

▶ 営業先に対し、異動になったことを伝えるとき

✗ 今までお世話になりました

○ ご愛顧いただき……

実例 担当になってから、長い間ご愛顧いただきありがとうございました。

POINT 愛情を持って接していただいたという気持ちを表せます。商品などをいつも使っていただいている顧客に対しても使えます。

▶ 退職するとき

✗ 長い間お世話になりました

○ ご指導と ご厚情をいただき……

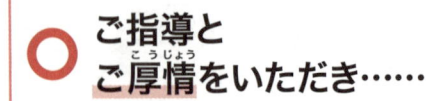

実例 長い間温かいご指導とご厚情をいただき、本当に感謝しております。

POINT 「厚い情け、心からの深い思いやりの気持ち」という意味を伝えられます。主に文章表現で用いる表現なので、口語で使うときは注意。

▶ 取引先と長期にわたる仕事を終えたとき

✖ 長い間ありがとうございました

○ ご厚志いただき
ありがとうございました。

実 例 これほど長い間、成功のためにご厚志いただきありがとうございました。

POINT 「深い思いやり」という意味を伝える表現で、普段の会話ではなかなか使わないが、ここぞというときに使うと効果的。

▶ 昇格したとき、上司に対して

✖ 評価いただきましてありがとうございます

○ 本当に深謝いたします。

実 例 こんなに評価をいただいて推していただき、課長には本当に深謝いたします。

POINT 使用頻度は低いが、「推薦してくれて」「薦めていただいて」という意味のときに使うフレーズ。

▶ 家族が入院など

✖ それはつらいですね

○ ご心痛のほど
お察しいたします。

実 例 ○○様のご心痛のほどお察しいたします。

POINT 「お気持ちをお察しします」というより、よりいっそう相手の気持ちがわかるということを伝える表現です。

▶ 新たな発想でアイデアを提供してくれた

✖ 流石ですね

⭕ **目のつけどころが違いますね。**

実例 ここまでは考えが及びませんでした。目のつけどころが違いますね！

POINT 素晴らしい視点で仕事に取り組んでいることを伝えている。「ここまでは」というフレーズも「自分も考えたが…」ということを効果的に伝え、自尊感情をくすぐる。

▶ クライアントへ、大変な仕事だったことを伝えるとき

✖ いや〜、トラブルが多くてホントに大変でした

⭕ **トラブルも多く苦慮する面が多くありましたが……**

実例 トラブルも多く苦慮する面が多くありましたが、何とかやり終えました。

POINT 「苦心していろいろ悩み苦労した」という思いを伝える言葉。相手がこのように言ってきたら、その苦労に配慮する姿勢を見せれば、共感を生むことができます。

▶ 承諾してもらいたいとき

✖ そこをなんとかお願いしますよ！

⭕ **ご高承を得たく思います。**

実例 難しいとは存じますが、ご高承を得たく思います。

POINT 「他人を敬って、その人が承知すること」を示す言葉。主に手紙などで使う言葉ですが、ここぞというときに使うと新鮮味を加えられます。

✖ おおーすごいですね！

○ **期待以上の成果です。**

実例 ○○さんのおかげで、期待以上の成果を得られました。ありがとうございます。

POINT こちらの予測を上回る成果を上げてくれた場合に、相手を敬いながら伝える大人の言い方です。

▶ はじめての打ち合わせで

✖ はじめまして

○ **お目にかかれて大変嬉しく存じます。**

実例 はじめまして。○○本部長とお目にかかれて大変嬉しく存じます。

POINT 「お会いできて」の最上級の言葉です。上の立場の人や尊敬している人と面談する際によく使います。

▶ 変わらない付き合いに感謝するとき

✖ いつもいつもありがとうございます

○ **ご厚誼に感謝します。**

実例 多年にわたるご厚誼に感謝します。

POINT 長年付き合いのある人に対して使う表現です。今までの協力に感謝しつつ、「これからもよろしく」という意味にもなります。

▶ 栄転異動するとき。上司に対して

✗ これまで本当にお世話になりました

◯ 格別のご芳情を賜りましたこと心より感謝いたします。

実例 在任中、公私にわたり格別のご芳情を賜りましたこと心より感謝いたします。

POINT 「格別のご芳情」となると、相手を敬う気持ちが通じやすくなります。主に文章表現に使う言葉なので、ときと場合を考えて使いましょう。

▶ 事情を汲んでくれたとき

✗ わかっていただいて……

◯ ご勘案いただき……

実例 ご勘案いただきありがとうございます。

POINT 「あれこれと考えていただき」という気持ちを表す言葉。相手に考える手間を取っていただいたときに感謝の意味を込めて使います。

▶ 病欠の連絡をしたとき、気遣ってくれた上司に対して

✗ すいません。ありがとうございます

◯ お気遣いありがとうございます。

実例 お気遣いありがとうございます。早く治しますのでよろしくお願いいたします。

POINT 相手の気遣いに感謝し、不安感を取り除く配慮をする表現。相手に共感を示すフレーズでもあります。

▶打開策を考えているときに、ヒントをくれた上司に対して

❌ **あっ、わかりました！**

⭕ **貴重なご意見、**
ありがとうございます。

実　例 ○○さんのおかげでひらめきました！　貴重なご意見、ありがとうございます。

POINT ひらめいたきっかけをいただいたことに感謝しているという気持ちを一言で表現できるフレーズです。

▶雰囲気のよい店を教えてもらったとき

❌ **いい店ですね〜**

⭕ **小粋なお店を**
ご存じですね。

実　例 さすが課長。なかなか小粋なお店をご存じですね。

POINT 「どことなく粋」「洗練されているお店」というニュアンスが伝わる表現。自分が勧めた店がほめられるのは嬉しいものです。

▶美味しいと評判のおみやげをもらったとき

❌ **美味しそうですね**

⭕ **舌が肥えて**
いらっしゃいますね。

実　例 美味しいと評判のお菓子ではありませんか。さすが舌が肥えていらっしゃいますね。

POINT 「美味しいお菓子です」を「いろいろな美味しいものをご存じですね！」と相手を持ち上げている表現です。

▶ 手の込んだ手料理に対して

✗ すごい豪勢ですね！

**○ 手をつけるのが
もったいないですよ。**

実例 すごい手の凝りようです。手をつけるのがもったいないですよ。

POINT 「繊細で、作るのにさぞかし苦労されて素晴らしい出来上がりです」というニュアンスをさりげなく伝える表現。

▶ ホームパーティーで上司の作った料理に対して

✗ すごく美味しいです

○ 料理屋も顔負けですね。

実例 すごく美味しいです。料理屋も顔負けです。いつでもお店出せますよ！

POINT 「プロ並みの料理の腕前」とほめるフレーズ。相手の手料理をほめる言葉としてはよく聞きますが、やはりほめられるのは嬉しいもの。

▶ ほめられた後のほめ返し

✗ ○○さんこそ、〜じゃないですか

○ 器が大きい人は……

実例 やはり、器が大きい人は、心にも余裕がありますね。

POINT 人をほめるのは心の余裕がなければできないこと。相手の器の大きさをほめるだけでなく、その余裕もほめましょう。

▶ 上司の趣味の話を聞いているとき

✖ へぇ〜。すごいんですね

○ すごく奥が深いですね！

実 例 すごく奥が深いですね！　僕のような素人にはうかがい知れない世界です。

POINT 「奥が深い」は相手をほめるのに便利な言葉です。これを言われて悪い気持ちになる人はあまりいません。

▶ ゴルフコンペにて、ホールを回り終えて

✖ さすがですね

○ 私なんか足下にも及びませんでした。

実 例 部長のゴルフの腕はさすがですね。私なんか足下にも及びませんでした。

POINT 「あまりにも力の差がありすぎます」という意味の表現。つまり相手がすごいということを伝えるほめ言葉です。

SCENE 03

相手を敬いながらよい関係を継続していくために、大人のほめ方を実施しましょう。

ほめる

▶ 取引先に特段の配慮をしてもらったとき

✖ 配慮していただき、嬉しいです

○ ご高配（こうはい）について感謝いたします。

実例 平素より格別のご高配をいただき感謝いたします。

POINT 文章表現などで、よく使う感謝の言葉です。口語で使うときは「ご高配をいただき感謝いたします」など、短めの表現を心がけるとよいでしょう。

▶ ラッキーが多い

✖ 持ってますね

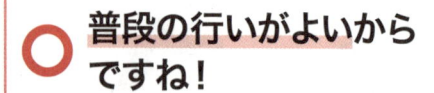

○ 普段の行いがよいからですね！

実例 こんなにいい天気に恵まれるなんて、いかに普段の行いがよいかということですね！

POINT 「運も実力の内」と言うと、決して相手をほめていることにはならず、蔑んだ印象を与えてしまいます。「ローマは一日にしてならず」という意味合いを強調する意味も。

▶ 意外な知識やうんちくを持っている人に

✖ 何でもご存じですね

**〇 経験の幅と深さが
違いますね。**

実例 経験の幅と深さが違いますね。〇〇さんにはかない
ませんね！

POINT 経験は体験の積み重ねなので一朝一夕にはできませ
ん。その経験を「幅と深さ」と言うことで、一味違った
表現になり、相手の自尊感情をくすぐることもできます。

▶ あの方、思いやりがある！

✖ やさしい方ですよね

**〇 普通は気が回らない
ものですよね！**

実例 予備のプランも考えていたとは！　普通はあそこま
で気が回らないものですよね。

POINT 「普通は…」と表現することで、「あなたは普通では
なく、それ以上である」というニュアンスを伝える
ことができます。

▶ ちょっとのミスや変更には動じない

✖ 動じませんね

**〇 対応力や柔軟性が
すごいですね。**

実例 その対応力や柔軟性は、どこで身につけられたんで
すか？

POINT ミスや変更に動じないことを「対応力や柔軟性」と
いう表現に変えて、しかも、羨望の眼差しで、相手
を敬いながら、嫌みなく伝えることができます。

▶ トークがはずんだ

✖ お話おもしろいですね

◯ 本当に聞き上手ですね。

実 例 本当に聞き上手ですね。あっという間に時間が過ぎてしまいましたね。

POINT 楽しいときや気の合う人といるときの表現。「興味深い話で楽しかったです」などのフレーズも付け加えるとさらによいでしょう。

▶ 予想以上の出来だった

✖ 驚きました

◯ 簡単ではないですよね！

実 例 予想していた以上の結果を出すのは、口で言うほど簡単ではないですよね！

POINT 「結果はついてくるもの」です。表現する本人が結果を残している人だと、さらに相手への伝わり方はよくなるはず。

▶ 報・連・相がちゃんとできている

✖ きっちりしてますね

◯ 安心して任せられます。

実 例 ありがとうございます。○○さんには安心して仕事を任せられます。

POINT 仕事は報・連・相によって進み、これがうまくいかないと、相手への不信感が募り、仕事が滞ってしまうことも。「安心して任せられる」は最高のほめ言葉のひとつです。

▶ 大きなミスをしてしまった

✖ **やっちゃったものはしょうがない！**

⭕ **失敗は誰にでもあるよ。**

実 例 失敗は誰にでもあるよ。今回は運が悪かったんだよ。

POINT 相手の負担感を軽くする言葉。運のせいにして、本人のせいにしない配慮ができる大人の言い方です。

▶ 教えてもらった

✖ **へぇー、そうなんですね**

⭕ **教え上手ですよね。**

実 例 教え上手ですよね。勉強になります。まったく知りませんでした！

POINT 「自分は知らなかった！」ということを強調することで、逆に「あなたは知っていてすごい！」ということを伝えることができます。

▶ 病み上がりの方へのねぎらい

✖ **ゆっくりしてくださいね**

⭕ **くれぐれも
大事になさってください。**

実 例 体調を崩さないように、くれぐれも大事になさってください。

POINT 「くれぐれも」とつけることで、より注意深くといった意味を込めることができ、相手をとても心配しているということを伝える表現になります。

▶ 仕事を早く仕上げたとき

✗ なんとかやっておきました

**○ 気持ちよく
取り組めました！**

実 例 仕事がスムーズに進んで気持ちよく取り組めました！

POINT 仕事の進捗と、自分の気持ちを短い表現で伝えるフレーズ。このようなときは多くを語る必要はなく、いかに簡潔に力強く、相手が納得できる表現ができるかがカギ。

▶ 相談した相手に感謝の言葉

✗ 相談に乗ってくれてありがとう

**○ 気持ちが
スッキリしました。**

実 例 ○○さんにご相談できて、気持ちがスッキリしました。本当にありがとうございました。

POINT 「○○さんに」と相手を特定して感謝を述べることで、通り一遍ではなく、感謝していることを伝えることができます。

▶ 指名で仕事をいただいた

✗ 私でいいんですか？　ありがとうございます

○ お役に立てて光栄です。

実 例 お役に立てて光栄です。なお一層がんばりますのでよろしくお願いいたします。

POINT 指名が来るというのは、相手に好かれ、相手の要望を満たした証拠。こんなときにはお客様目線の表現で「お役に立てて光栄」という大人の言い方が効果的。

▶ プレゼンをほめてもらった

✗ 恐縮です。ありがとうございます

**⭕ 誰よりも
役に立ちたいという
気持ちでがんばりました！**

実 例 誰よりも御社のお役に立ちたいという気持ちでがんばりました！

POINT お客様のメリットを考えた提案に対して、全身全霊で取り組んだということを素直に表現できる言い方。

▶ 人柄をほめてもらった

✗ いえいえそんな、ありがとうございます

**⭕ 未熟者の私のことを
おほめいただき……**

実 例 未熟者の私のことをおほめいただき、お恥ずかしいです。でも、ありがとうございます。

POINT 人柄は、個人特有のものなので、言った本人は本心で言っていることが多く、好かれている証拠でもあるので、謙遜しても感謝の言葉は素直に伝えるように。

未熟者の私のことを…

ペコ

まぁまぁ

▶ お茶を入れてくれた

❌ あっ、ありがとうございます

⭕ いつも
タイミングがいいよね。

実例 いつもタイミングよくお茶を出してくれて助かるよ！

POINT お茶出しはお客様がいらして最初の場面。単に感謝するのではなく「タイミングよく」と、具体的に感謝を伝えると同時に、次回からも意識してくれるので一石二鳥。

▶ お昼をごちそうになった

❌ 美味しかったです！ ごちそうさまでした

⭕ とても充実した
お昼休みでした。

実例 お昼ごちそうさまでした。とても充実したお昼休みでした。

POINT 充実したということで、味、時間、気持ちなどを含めた表現になります。自分の満足感を素直に伝えるのも大人の言い方の一つ。

▶ 難しそうな案件をうまくまとめた

❌ 一生ついていきます！

⭕ 難しいことも簡単そうに
見えてしまいますね！

実例 課長にかかると、難しいことも簡単そうに見えてしまいますね！

POINT その人特有で独自のやり方であると、称賛の気持ちを伝える表現。ビジネスは、シンプルイズベストであり、簡単そうに行うためにはかなりのキャリアを要するもの。

▶ 締切前の徹夜明けにて

✖ **本当にお疲れさまです**

> ○ **○○さんの底力ですね！**

実例 ○○さんの底力ですね！　お疲れ様でした。

POINT 底力という言葉で、相手の実力の深さを表現した言い方。感謝しながら相手を気遣うことができる表現です。

▶ 仕事に対して前向き

✖ **○○さんは前向きでいいですよね**

> ○ **こっちまで
刺激を受けるね！**

実例 ○○さんの仕事ぶりを見ていると、こっちまで刺激を受けるね！

POINT コミュニケーションは「刺激と反応」です。仕事ぶりを評価して、特に上の人間から「刺激を受ける」と言われると、誇らしく思い、仕事に対する自信もついてくるもの。

▶ 功績をたたえる

✖ **○○さんは我が社のホープです**

> ○ **誰でもできるという
内容ではないですからね！**

実例 ○○さんの仕事は、誰でもできるという内容ではないですからね！

POINT 裏を返せば、「数少ない」「限定されたあなた」だからこそできた偉業であるということを伝えられます。

✖ 本当によくできた方です

○ **みんなが
ほめていましたね！**

実例 あの仕事に携わった人みんながほめていましたね！

POINT 具体的に関わった人が、客観的な見方でほめていたという表現をすることで、あとで知った本人が最高に喜ぶ大人の言い方です。

▶ 偉業を達成したことがある、特異な経験がある

✖ いい経験をお持ちですね

○ **今でも伝説ですよね！**

実例 ○○さんのあのときの実績は今でも伝説ですよね！

POINT 「伝説」という表現を使うことで、長く語り継がれるような最高のほめ言葉のイメージとして、変身させることができます。

▶ 料理をほめる

✖ 本当に美味しいですね！

○ **どうしたらこんないい
お味が出せるんですか？**

実例 奥深い味ですね。どうしたらこんないいお味が出せるのでしょうか？

POINT 「どうしたら…」ということで「本当に素晴らしい味」を別の表現で伝えられます。本気度が伝わるフレーズ。

▶ 最大限に相手をほめる

✖ 才色兼備でうらやましいな

○ 世の中広しと言えども……

実 例 世の中広しと言えども、○○さんのような方はいらっしゃいませんね！

POINT 「他にいない」ということを伝えるのは最大限に相手を認めている表現です。今後も付き合いを続けていきたい重要な相手に使いましょう。

▶ 変えた髪型などをほめられた

✖ そうなんですよ。わかります？

○ そこまで気づいて
　くれたんですか！

実 例 そこまで気づいてくれたんですか！　さすが○○さんですね。

POINT 「そこまで」という言葉で、なかなか気づかないことなのにというニュアンスを表す言い方になります。

▶ 自分の成功を祝福してくれた相手に

✖ 私自身が最も驚いております

○ みなさまに支えられて
　実現できました。

実 例 みなさまに支えられて実現できた成功です。ありがとうございました。

POINT 自分一人の力ではなく、周囲の人間の協力があってこその成功と表現することで、「組織人」「大人」という印象になります。

「電話」ですぐに使える言い方&フレーズ

電話でも話し方のルールは基本的に同じですが、相手の表情が見えないゆえに、気をつけなければならない点も多々あります。ここでは、そんな電話での会話で役に立つ言い方やフレーズを紹介します。

相手から信頼される電話での言い方

「山田ですが、先日送った資料に
修正箇所がありまして……」

▼

「山田ですが、<u>今、お時間よろしいでしょうか?</u>」

POINT いきなり用件を話し始めるのではなく、まずは相手が電話で打ち合わせられる状況かどうかを確認するのが最低限のマナーです。

電話ではまず相手の都合を確認する

　相手が電話に出たら、まずは「今、お電話よろしいでしょうか」「お時間よろしいでしょうか」など、必ず相手の都合を確認します。「忙しい時間を割いて電話に出ていただく」という姿勢で話せば、先方からの信頼も得やすくなります。また電話は相手から見えない分、相手の話を集中して聞こうとしますが、そうすると相手の態度や様子までわかってきます。ヒジをつき、猫背で話していると、声に張りがなく悪い印象を与えてしまうので、姿勢よく話すようにしましょう。

「早口を防ぐコツ」3つのポイント

緊張して早口になる人は、伝えたい用件を箇条書きなどでまとめておくとよいです。話の最中、意識的に間を取るのも効果的です。

早口になる原因は……

1 緊張する

緊張すると「早く話を終わらせたい」「恥ずかしい」という気持ちが先行しすぎて、早口になってしまいがちに。

2 頭の回転の方が速い

話すスピードよりも思考スピードの方が速いので、そのまま話すと聞き手にスムーズに伝わらなくなってしまいます。

3 怠惰な勤務姿勢

「仕事を早く終わらせたい」という緩慢な姿勢が、早口を招くことも。勤務中は気を抜かず、丁寧な仕事を心がけるべし。

早口を防ぐには……

1 話したいことを明確にする

話す内容を箇条書きにするなどして事前にまとめておき、早口になりそうになったら、それを見て確認し、心を落ち着かせましょう。

2 話の最中に間を取る

会話の最中に間を取れば、相手も聞き取りやすくなります。ゆっくり明瞭に、語尾まできちんと発音するようにしましょう。

3 深呼吸してリラックスする

呼吸が浅いと、それが早口へとつながってしまいます。腹式呼吸をするなどして、しっかりと声を出すことを心がけましょう。

電話での会話で使えるマジック・フレーズ

ご心配ですね……	ご存じなのですね……
大変ですね……	お気持ちはよくわかります……
お察しいたします……	まったく、そのとおりですね……
ご丁寧に……	なるほど、そうですね……

好感を持たれる「電話の受け方」

「はい、吉田です……」

▼

「お電話かわりました、吉田でございます。
お世話になっております」

POINT 声が小さかったり、語尾が不明瞭だと暗い印象を与えて
しまいます。明るい声で電話口に出るようにしましょう。

第一印象で企業のイメージが伝わる

　対面でのやり取りであれば、表情やしぐさで相手に伝わる
ものがありますが、電話だとそれもありません。そのため、
相手に好印象を与えたいのであれば、明るくさわやかな声で
応対するようにしましょう。第一印象がよくないと、あなた
だけでなく、会社そのもののイメージも悪くなってしまいま
す。電話応対時は常に「会社の代表である」という意識を持
つことが大事なのです。

ADVICE

「アクティブ・リスニング」で正確に聞き取る

　「アクティブ・リスニング」とは積極的傾聴法ともいい、
相手の話のキーワードを繰り返すことで、正確に確認す
る聞き方の技術です。相手の電話番号や打ち合わせ日時、
発注数など、間違えてはいけない言葉をその場で復唱す
ることで、ミスを防ぐことができます。

例

Aさん「明日の打ち合わせは17時、渋谷でお願いします」
Bさん「17時に渋谷ですね、かしこまりました」

困ったときに役立つフレーズ

電話口での応対を失敗すると、社内に迷惑をかけてしまうおそれもあります。適切な対処法を覚えて、パニックや混線を防ぎましょう。

1 こちらの担当者が不在のとき

➡ **「申し訳ございません、山田はただいま外出しておりまして、戻りは 17 時ごろの予定です」**

POINT 基本的には「折り返し電話をします」と申し出るのがマナーですが、相手によっては「またかけます」「メールで連絡します」という場合も。先方の都合を優先して対応します。

2 こちらの担当者が帰宅後だったとき

➡ **「申し訳ございません、山田は本日失礼させていただきました」**

POINT 相手に担当者が帰宅したことを伝えたくないときは、「外出しておりまして、本日は社に戻らない予定です」と、直帰したことにします。

3 こちらの担当者が遅刻しているとき

➡ **「山田は本日立ち寄るところがありまして、12 時ごろの出社予定です」**

POINT あからさまに「遅刻しています」と伝えるのは NG。取引先に直接向かっているようなニュアンスで、相手に伝えましょう。

4 答えられない内容の問い合わせを受けたとき

➡ **「申し訳ありません、その件に関しては私ではわかりかねますので、確認後に折り返しご連絡させていただいてよろしいでしょうか」**

POINT 自分勝手に判断するのは厳禁。問い合わせの内容を明確に聞き取った上で、上司や担当者に相談しましょう。

5 相手が名前を名乗らないとき

➡ **「申し訳ありません、お名前をお教えいただけますでしょうか」**

POINT どうしても名乗ってもらえないときは、「お名前をお聞きしないとお取り次ぎできないことになっておりまして……」と応対する手もあります。

電話応対時に役立つ伝言メモの取り方

電話では相手の名前や部署、電話番号、用件など、さまざまな情報を把握しなければならないときがあります。誤解が生じないように、電話応対時はメモを取るよう心がけましょう。

メモは「自分用」「伝言用」の２種類を用意

メモを書くときは「自分用」「伝言用」の２種類を用意します。自分用は要点を箇条書きにして、あとで追加や修正ができるよう行間を空けて書くのがポイントです。そして伝言用のメモを書くときは「読みやすい文字で書く」「内容を簡潔にまとめる」など、電話で聞いた内容をこちらの担当者に明瞭に伝えることを第一に考えましょう。

また「川本」「河本」などの同音異義語、「T（ティー）」や「D（ディー）」などの発音が近いアルファベット、「４時（よじ）」と「５時（ごじ）」も、聞き取る際に間違えやすいので、十分注意しましょう。

メモの受け方のポイント

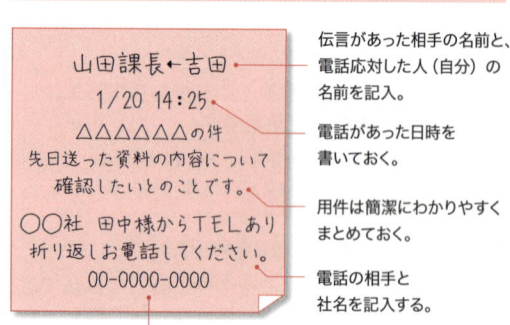

伝言があった相手の名前と、電話応対した人（自分）の名前を記入。

電話があった日時を書いておく。

用件は簡潔にわかりやすくまとめておく。

電話の相手と社名を記入する。

折り返し電話が必要なときは、相手の電話番号を記しておく。

ADVICE

メモを取ったあとの対応も重要

せっかく伝言メモを作っても、それが風で吹き飛ばされてしまっては何の役にも立ちません。テープで貼るなどして、相手の目が届くようにしましょう。また、相手がいつまで経っても席に戻らないときは、携帯電話などで電話があった旨を伝えた方がいいときもあります。

第 3 章

叱るときの
モノの言い方

叱る
・
注意する
・
指摘する

SCENE 01

一方的に叱るのではなく、相手のやる気が下がらないような言い方をすることが重要です。

叱る

▶ 臆病すぎるとき

✖ **躊躇するな！**

〇 **慎重に
なりすぎてるんじゃないか。**

実 例 緊張して慎重になりすぎてるんじゃないか？　もう少し大胆に考えてもいいぞ。

POINT 必要以上に臆病になっている人に対しておすすめの表現です。相手の気分を害さずに叱ることができます。

▶ 作業が遅いとき

✖ **要領が悪いな！**

〇 **それでは
マイペースすぎるぞ。**

実 例 それではマイペースすぎるぞ。少しスピードをあげて周りの人の時間も考えないとな。

POINT 仕事にはスピードも大切。周りの人と連携して仕事を進めているということを意識させるような言い回しです。

▶ 頭が固い人に

✕ 平凡な（ありきたりな）企画書だな！

◯ 手堅い企画書だな！

実例 手堅い企画書もよいが、今回は君の奇抜なアイデアがほしいんだ。

POINT 「他でもない君の発想、斬新なアイデアがほしい」というニュアンスが伝わる表現です。相手のやる気を引き出す効果があります。

▶ 同じことをいつまでも考えているとき

✕ しつこいな！

◯ 粘り強さでは勝てないな。

実例 粘り強さでは勝てないな。さらに新しいアイデアが加わったら、敵わなくなるかもな。

POINT 相手の個性を否定せず、認めるような表現です。「さらに〜になったら敵わない」などの発展性を示してあげるとなおよいでしょう。

▶ 判断が遅いとき

✕ 優柔不断すぎるぞ！

◯ 思慮深いのは結構だが……

実例 思慮深いのは結構だが、時期を見て判断をするようにならないとな。

POINT 仕事の進め方の基本である内容と時間のバランスを考えることの重要性を伝えられます。相手の特性を理解しているからこそできる表現です。

▶ 個性を出してほしいとき

✖ 大人しいんじゃないか！？

◯ 協調性が高いな！

実 例 協調性が高いな！　もっと自分を出してもいいぞ。

POINT 人間は誰しも自分の持ち味を発揮したい気持ちを持っています。協調性を大切にする気持ちをほめることで、受け入れやすくしているところがポイント。

▶ 作業が遅いとき

✖ のんびりしているな！

◯ 余裕を持って仕事をしているな。

実 例 余裕を持つのも大事だが、ペースを上げていこう。

POINT 現在の状態を頭ごなしに否定していないので、相手も受け入れやすいのがポイント。否定ではなく、まず肯定してから意見をいうのが大人の言い方です。

▶ 細かすぎるとき

✖ 細かい事を気にしすぎだ！

◯ 几帳面なのはいいが……

実 例 几帳面なのはいいが、そろそろ全体を見通す力もつけていきたいところだな。

POINT 几帳面に物事を見るのはとても重要ですが、全体を見通す力も同じくらい重要です。視野が狭くなってしまっている人への的確な言い回し。

▶ 頭でっかちになっているとき

❌ 行動力がないな！

⭕ **じっくり考えるのも いいが……**

実例 じっくり考えるのもいいが、ここまで来たら動いてみろ。

POINT 「ここまできたら」と相手の状況とタイミングを見計らっているので、相手も動きやすくなるのがポイントです。

▶ 急ぎすぎているとき

❌ せっかちだな！

⭕ **頭の回転が速いな。**

実例 頭の回転が速くていいな。あとはいつものような堅実さを発揮してくれ。

POINT よいところをほめられて反発する人はいません。しかし、できれば本人も気づいていないようなところをほめるとほめ上手になれます。

▶ 自信過剰な人に

❌ 独りよがりだな！

⭕ **自分の考えに 自信を持っている ようだね。**

実例 自分の考えに自信を持っているようだが、視点を変えて考えてみろ。

POINT いくら自分にとって自信のあることであっても、他の見方も検討しないと客観的なよい意見とはいえないということをほのめかしています。

▶ 考えなしに行動しているとき

✖ 無鉄砲すぎるぞ！

○ **失敗を恐れないのは
いいことだが……**

実例 失敗を恐れないのはいいことだが、もう少し計画的に進めないとまずいですね。

POINT 物事は多面的です。裏表やバランスがとても大切になります。一方を強調すれば、もう一方が弱くなるので、まずは現状を肯定してから相手に気づかせる言い方。

▶ 意見をコロコロ変えるとき

✖ すぐに意見を変えて、君の意見は何なんだ！

○ **変化に対応できるのは
いいが……**

実例 変化に対応できるのはいいが、自分の意見をもっと考えてみよう。

POINT 自分の意志を持ちながら、対応力を養うのは簡単ではありませんが、それがやりがいのあることだと自分で気づかせるのが大人の言い方です。

▶ 人の意見に傾いてしまうとき

✖ 人の意見に左右されすぎだぞ！

○ **人の意見を尊重するのは
いいことだが……**

実例 人の意見を尊重するのはいいことだが、君の意見も教えてくれないか。

POINT ただ「左右されすぎだ！」と罵るのではなく、いい部分もあるが、もっとこうした方がよいと伝えることで、相手のさらなる成長を促します。

▶ 屁理屈をいうとき

✕ 理屈っぽいぞ！

○ 理論的だな。

実例 理論的に考えるのはいいことだが、君の直感力にも期待したいところだ。

POINT 否定ではなく肯定する言い方。「どんなとき、場合に」のフレーズが入ると、より具体的になるのでなおよいでしょう。

▶ 美味しくない料理を食べたとき

✕ まっずいな！

○ 好きな人にはたまらない味だが……

実例 好きな人にはたまらない味だが、今回の目的には合わないかな。

POINT 目的が最も重要であることを伝えているので、周囲と相手の理解と納得が得られる大人の言い方です。

▶ 応用ができない人に

✕ 気がきかねぇなぁ（応用がきかねぇなぁ）

○ 基本に忠実にやっているんだな。

実例 基本に忠実にやっているのはわかるが、変化に対応するのも大事だぞ。

POINT さまざまな仕事の進め方のバリエーションを増やす必要性に気づかせる、バランス感覚、両面・多面思考の重要性を伝える言い方です。

✖ うるさいよ

○ 元気いいな！

実 例 元気がいいのは、君の売りのひとつだな。

POINT 「長所」や「特徴」というありきたりの表現ではなく「売り」ということで、特有の持ち味、個性という印象を与えることができます。

▶ 意見をゴリ押ししてくる人に

✖ 強引だな

**○ 君の意見も
捨てがたいが……**

実 例 君の意見も捨てがたいが、今回の場合は○○さんの意見を採用するよ。

POINT 「君の意見は採用できない、ダメだから！」などと否定されると、反発したくなりますが、よいことだと相手を認めれば、相手も聞こうとします。

▶ のんびりした人に

✖ 仕事遅いなぁ！

○ 仕事、丁寧だね。

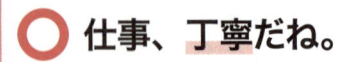

実 例 仕事、丁寧だね。次回はその丁寧さにスピードをプラスしてみようか。

POINT 現状をほめるだけではなく、次の目標も示す上手なほめ方、指導方法。相手のやる気を引き出せるところもポイント。

▶ なかなか力を発揮できない人に

✕ 実力ないなぁ！

○ 君には可能性が秘められているんだ！

実 例 君には可能性が秘められているんだから、挑戦してみろ！

POINT まず相手をいい気分にして、自信を持たせてから励ませば、勢いもついて相手も乗りやすくなります。

▶ 説明がはっきりとわかりづらいとき

✕ わけわかんないよ！

○ ちょっと抽象的すぎるな。

実 例 ちょっと抽象的すぎるので、もう少し話を聞かせてもらえるかな？

POINT もう少し「具体的に」と入れたり、あるいは、説明を促すときに「具体的に説明してください」と伝えるのもよいでしょう。

君には可能性が秘められてるんだ！

SCENE 02

毅然とした態度と言葉で自分の意見を
しっかりと相手に伝えましょう。

注意する

▶ 信用をおけない取引先に

✖ これ以上待てません！

○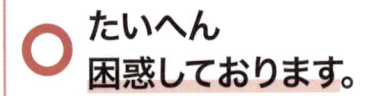
たいへん
困惑しております。

実 例 日程調整をいたしましたのに、間に合わないことに
たいへん困惑しております。

POINT 丁寧にいうことで、相手との距離感を保つと同時に、
適度なプレッシャーを与えることができる表現です。

▶ 仕事の質に疑問があるとき

✖  これじゃダメだよ

○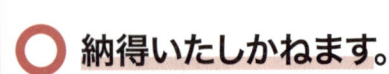
納得いたしかねます。

実 例 ここまで打ち合わせをしましたのにこの結果では納
得いたしかねます。

POINT 怒ってしまいがちな場面ですが、感情を抑えて丁寧
に、かつ、自分の意思をしっかりと伝えることが重
要です。

✘ 意味わかんないですけど……

○ 事の次第が
判然（はんぜん）といたしませんが……

実 例 事の次第が判然といたしませんので、経緯をお聞かせいただけますか？

POINT 大人なら、「わからない」といった単純な否定の言葉はできるだけ避けるべき。さらに経緯を聞くことで、理解したいという気持ちを相手に表すことができます。

▶ 結果が伴わないとき

✘ これまでのことがパーですよ！

○ 立つ瀬がございません。

実 例 このままでは弊社の立つ瀬がございません。

POINT 感情的にならず、あくまで冷静に状況を見極めることが大切です。表現も冷静さを保つことで、相手にも余計な心配をかけません。

▶ 早く対応してほしいとき

✘ 速効で対応お願いします！

○ 早急なご対応を
お願いいたします。

実 例 お客様もお待ちですので、早急なご対応をお願いいたします。

POINT 「お客様もお待ちです」と伝えることで「何よりも最優先でお願いしたい」ということを伝えることができます。

▶ 失敗を繰り返さないように注意する

✖ 二度と失敗しないでくださいね！

○ 十分な注意を喚起します。

実 例 今後このようなことがないよう、十分な注意を喚起する次第です。

POINT 「十分な」と加えることで自分にとって重要なことであることを伝えることができます。「失敗をするな」というよりも、「注意をした」と伝えることで自己反省を促します。

▶ 改善されていないとき

✖ まだ直ってませんよ！

○ なお一層の善処（ぜんしょ）を求めます。

実 例 確認しましたが、なお一層の善処を求めます。

POINT ビジネスでは改善を繰り返すことが重要であるため、自然と使う機会も多くなる表現。あまり改善が見られない場合は、さらに強く主張しましょう。

▶ 残念な気持ちを伝える

✖ 残念です

○ 遺憾（いかん）です。

実 例 今回のご対応は誠に遺憾です。

POINT 対応に不満がある場合は、揺るぎない意思を感じさせる表現を選びましょう。ビジネスの場では相手にこちらの意思を伝えることが重要です。

▶ 納得できないとき

✖ 認められません！

◯ 承服いたしかねます。

実例 単価の一方的な引き下げは承服いたしかねます。

POINT 「あなたの行為を少し腹立たしく思っていますよ！」
という気持ちが伝わる表現です。丁寧に表現をする
ことで感情を抑える効果もあります。

▶ よりよい対応を求めるとき

✖ いい感じにしといてください

◯ 何卒ご配慮を
お願いいたします。

実例 納期も間近ですので、何卒ご配慮をお願いいたしま
す。

POINT 「ご配慮をお願いいたします」という言葉が目的に
対する丁寧なアプローチを導きます。具体的な期日
を加えると、日程に対する丁寧さも増すはずです。

▶ ちゃんとした答えがほしいとき

✖ しっかり考えて答えてくださいね

◯ 誠意ある回答を
お願いいたします。

実例 誠意ある回答をお待ち申し上げます。

POINT 紳士的に要求を伝えると同時に、相手への期待、要
求もさりげなく伝えることができる表現です。穏や
かな語調を意識しましょう。

▶ 難しい相談をされたとき

✖ 100%できません！

◯ **リアリティを感じません。**

実例 このスケジュールで進めていくのはリアリティを感じません。

POINT 裏を返せば、「スケジュールが変われば、現実的に可能」というニュアンスを伝えられます。この後にスケジュールの再設定を相談しましょう。

▶ 責任ある行動をしてほしいとき

✖ それはそっちがやるべきでしょ

◯ **そちらが対応するのが筋では……**

実例 貴（御）社にてご対応いただくのが筋ではないかと存じますが。

POINT 「筋を通す」というのは、相手の納得を得るのに大いに役立つ言葉です。ただし、義理の通っていない「筋」にならないように注意。

▶ 今後の仕事を考え直すとき

✖ 今後はお願いしないと思います

◯ **今後の推移次第で……**

実例 今後の推移次第で、この商品のお取り引きを再検討したいと思っております。

POINT 「条件つきですが……」と可能性を残し、双方ともに満足の行く合意形成を求める表現。相手との関係を継続させることもできます。

▶ 誠実な対応をしてほしいとき

✖ ちゃんとしてくださいよ

**○ 適切な処置を
お願いします。**

実 例 このままではお客様に迷惑がかかりますので、適切な処置をお願いします。

POINT 「あまり細かいことを言わなくても、ご判断願えますね」など嫌みに語ることなく、簡潔に伝えられる表現です。

▶ 誠実な対応をしてほしいとき

✖ ちゃんと考えてくださいね

○ 賢明なご判断を……

実 例 弊社との長年の取引も考慮いただきまして、賢明なご判断をお願いいたします。

POINT 最終決定前の「あとひと押し」の言葉のひとつ。丁寧な言葉遣いで、かつ、強引さを感じさせない言い方。

適切な処置をお願いします

言いにくいことも、大人の言い方でスマートに伝えることがポイントです。

指摘する

▶ 上司の間違いを指摘するとき

✖ これ間違ってません?

> ⭕ **お忙しいからだと思いますが……**

実例 お忙しいからうっかりされたのだと思いますが、ご確認いただけますか?

POINT 相手ではなく、一時的な状況が悪いという前提を作ることで、相手に対する非難の意図を消しながら、間接的に伝えることができます。

▶ 取引先の間違いを指摘するとき

✖ 前に言ってたことと違うんですけど……

> ⭕ **お約束と違うようですので……**

実例 お約束と違うようですので、念のためご確認をお願いいたします。

POINT 「約束」がビジネス上では絶対の条件であることは誰もが知るところ。それを理由に要求を伝えているのがポイントです。

▶ 取引先と解釈の違いがあったとき

✕ そんなこと言ってません！

○ 内容に
齟齬（そご）があるようですが……

実例 内容に齟齬があるようですが、こちらの内容で最終決定ですか？

POINT 内容の理解にズレがあることを丁寧に伝えられるフレーズ。相談の余地の有無も合わせて聞くと、フレーズがさらに生きます。

▶ 部下にそれとなく指摘するとき

✕ あれ、間違ってたぞ！

○ その話で
思い出したんだけど……

実例 その話で思い出したんだけど、○○の見積書、間違ってたぞ。

POINT 相手の話に乗って自分の言いたいことをさりげなく伝える言い方です。嫌みにならない程度にさらりと伝えるのがポイント。

▶ 部下の態度や言動に指摘するとき

✕ 前々から思ってたんだが……

○ そういえば、
ひとついいかな。

実例 そういえば、ひとついいかな。遅刻に気をつけた方がいいぞ。

POINT 「ひとつ」という表現によって相手が聞きやすい状況を作り出します。一言伝えたら無駄話をせず、すぐに切り上げましょう。

▶ 部下の考えを確認したいとき

✖ ちゃんとわかってるよな？

⭕ 一応聞いておくけど……

実例 一応聞いておくけど、○○の件、問題なく進んでるんだよね？

POINT 「一応」が最初に来ると、相手を信じていることを前提に、さらりと聞くことができます。

▶ 部下の力を伸ばしたいとき

✖ ここはいいけど、こっちはまだまだだな

⭕ よくなったね。
さらにつけ加えるなら……

実例 よくなったね。さらにつけ加えるなら、もう少しコストをカットしたいところだな。

POINT 「Yes,But 法」のように、まず肯定し、そのあとさらによくするためにという肯定表現が効果的です。

▶ 部下の頑張りを認めながら指摘するとき

✖ やり過ぎんなよ！

⭕ やり切るのはいいが、
やり過ぎると……

実例 残業してでもやり切るのはいいが、やり過ぎると体調を崩すから気をつけてな。

POINT 相手の体を心配しているということがよく伝わる表現。心配や感謝を恥ずかしがらずにきちんと言葉で表せるのが大人です。

▶ 次を予測しているか確認したいとき

✗ わかってるとは思うけど……

> ◯ **すでに織り込み済み**
> **だとは思うけど……**

実例 すでに織り込み済みだとは思うけど、◯◯の点はケアできてるんだよね。

POINT 「すでに考えていると思うけど」と相手を肯定しているので、反感を招きにくく、相手が聞き入れやすくなります。

▶ 共感を示しながら指摘するとき

✗ 君の考えはわかるよ……

> ◯ **◯◯さんだからこそ**
> **言うけど……**

実例 ◯◯さんだからこそ言うけど、こっちの方がスピーディーに進められそうだよ。

POINT 「だからこそ」で他の人には見出していない期待感を伝えることができます。使いすぎると相手にとってプレッシャーになるので、とくに気になったときに使いましょう。

「メール」ですぐに使える言い方&フレーズ

今やビジネス現場や家庭にも電子メールや SNS が普及し、文字によるコミュニケーションも欠かせなくなっています。しかし、文字での "話し方" にもマナーは存在するので、役立つ言い方やフレーズを覚えておきましょう。

メールの「件名」で気をつけるポイント

「こんにちは」
「お疲れさまです」

▼

「新商品に関する打ち合わせの件」

POINT 「こんにちは」「お疲れさまです」という件名では、どんな内容のメールなのかわかりません。本文と連動した、具体的な件名を入れるようにします。

「送信すればOK」は失敗の元!

　メールの件名が曖昧だと、迷惑メールと勘違いされて読まれないおそれもあります。このように、メールは送信したからといって必ず相手が読んでくれるとは限りません。

　アメリカの社会心理学者アルバート・メラビアンによると、話し手の印象を決めるのは視覚が 55%、聴覚が 38%、そして言語からの情報はわずか 7% だけとされています。そのため、メールを送る際は話して会う以上に、言葉遣いや確認などに気を遣わなければならないのです。

「話す」と「書く」の違いを知っておく！

電話や直接対話の「話す」とメールの「書く」には、それぞれのメリット・デメリットがあるので、しっかり把握しておくとよいです。

「話す」

メリット	デメリット
・細かいニュアンスも相手に伝わる	・緊張してあがってしまうことも
・こちらの誠意や気持ちが伝わりやすい	・その場で対応しないといけない
・相手からの返事がすぐ来る	・一度話したことは取り消せない

「書く」

メリット	デメリット
・目の前に相手がいないのであがらない	・細かいニュアンスが伝わりにくい
・事前に対応しておくことができる	・こちらの誠意や気持ちが伝わりにくい
・相手に送る前に確認ができる	・相手からの返事はすぐ来ない

「話す」or「書く」の使い分けはどうする⁉

「話す」と「書く」は使い分けを間違えると、とんでもないミスへとつながってしまいます。それぞれの状況によって、うまく使い分けられるようにしましょう。

「話す」
・ちょっと聞けばわかるような質問
・謝罪やお礼
・初めての相手に仕事を依頼するとき
・複雑で説明が必要な相談事

POINT 謝罪やお礼など、相手に自分の気持ちを伝えたいときは「話す」方が断然よいでしょう。とくに謝罪の場合、メールだと相手を怒らせてしまうリスクもあるので、直接出向いて気持ちを伝えましょう。

「書く」＋**「話す」**
・伝える用件が長くて細かいとき
・用件を正確に伝え、記録に残したいとき

POINT 用件が長いのに、それを口頭だけで相手に説明するのは逆に不親切です。まずはメールで内容を事細かに伝え、そのあとに電話でフォローしましょう。

「書く」
・そこまで重要ではないお知らせ
・会合やパーティーのお知らせを大勢に送るとき

POINT 仕事面においてそんなに大事でない用件は、わざわざ電話をかけてまで連絡する必要はありません。また数十人、百人に同時に伝えたいときは、断然メールの方が便利です。

メールで使う「敬語」に気をつける

○○社 山田様
企画書の件
山田様
お世話になっております。
企画書を拝見して
いただき〜〜

「拝見していただき、ありがとうございます」

▼

「ご覧になっていただき、ありがとうございます」

POINT 送信した相手の行為に「拝見」と謙譲語を使っています。
尊敬語の「ご覧になって」を用いましょう。

画面の先の相手を想像して書く

　すでに顔なじみの相手でも、メールなど文字のやり取りでは行き違いや誤解が生じてしまうことがあります。上記で述べたような敬語の使い方の間違い1つだけで、すれ違いが発生するかもしれません。

　これが社内宛のメールであれば、指摘されてそれでOKですが、社外宛のメールではそうもいきません。場合によっては「失礼な人」というレッテルも貼られてしまうので、十分注意しましょう。

●ビジネスメールで気をつけるポイント

1 送る相手のことをよく考えて書く

POINT 一方的に書きたいことを書かず、相手がこれを読んでどう考えるのかをよく踏まえて文章を書きましょう。

2 長々とした文章にしない

POINT 長文は書くのにも時間がかかるし、読む側にも負担を与えてしまいます。なるべく簡潔明快な文章を書くようにしましょう。

3 失礼な言葉遣いは控える

POINT 文章の書き方によっては受け手を誤解させてしまうので、謙虚な姿勢を忘れないようにします。また絵文字はふざけた印象を与えるので、使わないようにしましょう。

正しいメールの書き方例

相手の顔が見えない分、メールではとくに気をつけなければいけないポイントがあります。下のメールを参考に、自分の送ったメールを見返してみてください。

✉ 新企画Aに関する打ち合わせの件	
差出人	松田 康夫
宛先	yoshida@ △△△△△ .co.jp
CC	saitou@ ○○○○ .co.jp
件名	新企画Aに関する打ち合わせの件

A 株式会社△△△△△　企画部　吉田隼人様
（CC：斎藤課長）

いつもお世話になっております。
○○○○社の松田です。

B 進行中の新企画Aの方向性について、
打ち合わせをさせていただきたく存じます。
可能であれば来週中に行いたいと思っておりますが、
吉田様のスケジュールのご都合を
お聞かせいただいてもよろしいでしょうか。

C お忙しい中大変恐縮ではございますが、
何卒よろしくお願い申し上げます。

D 株式会社○○○○社
企画営業部　松田康夫
東京都中央区○○町○ - ○ - ○
TEL：03-0000-0000　FAX：03-0000-0000
Mail：matsuda@ ○○○○ .co.jp

A CC

メール送信の際に CC を入れる場合は、本文の宛先の下に CC で送った相手の名前を入れます。ただし BCC の相手の名前は入れると意味がないので、そこは隠すようにしましょう。

B 本文

適度に改行して文章間を空けたり、箇条書きを使うなどして相手が読みやすくなる心遣いを。また文面が上からモノを言うような感じだと、相手に不快感を与えてしまいますので気をつけましょう。

C 文末

終わり方が唐突だと失礼な印象を与えるので、「お忙しい中大変恐縮ですが」など、相手を気遣う言葉を入れるとよいです。

D 署名

ビジネスメールで署名を入れる際は、名前や住所、電話番号、ファックス番号、メールアドレスなどを書き添えて、相手がそこを見るだけで連絡が取れるようにします。

上手に話すための発声練習

会話をするとき、どんなにいい話をしても、話し手の声が聞き取りづらいと、聞き手はイライラしてしまうもの。上手に話すための発声法をマスターし、円滑なコミュニケーションをはかりましょう。

相手に「届く声」をトレーニングでつくる

　話す声が小さかったり、滑舌が悪かったりすると、相手に不快な印象を与えてしまうおそれがあります。しかし普段から発声練習をしておけば、意識的に声が出せるようになります。ここでは日常生活で簡単にできる2つの方法をご紹介。「カラスの声」というトレーニング法は、「あぁあぁ」という声を繰り返すことで「口を閉じ、鼻から息を吸う」方法をマスターするものです。また声にメリハリを出すために、呼吸を素早く行うトレーニングもあります。

カラスの声のトレーニング

1 口をしっかり閉じて、鼻からたっぷりと息を吸う。

2 カラスのように「あぁあぁ」と、吸った息を全部出し切るくらいの大声を出す。

3 声を出し切ったら、再び口を閉じ、鼻から息をする。この1〜3の流れを何度も繰り返す。

声にメリハリをつける

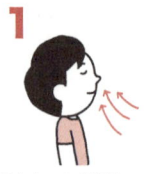

1 口をしっかり閉じて、鼻からたっぷりと息を吸う。

2 吸い込んだ息を、一気に吐き出す。

3 息を吐いたあと、同時に口を閉じて鼻から素早く息を吸う。そして「あっ!」と声を出し、再び口を閉じる。

第 4 章

断るときの
モノの言い方

断る
•
謝る
•
トラブルを回避する

SCENE 01

断るときこそ大人の言い方が重要です。
断る理由をしっかりと伝えましょう。

断る

▶相手の要求を断る

✖ そんなのできないよ

⭕ **いたしかねます。**

実 例 ○○の件、私どもの方ではいたしかねます。

POINT 丁寧で、相手を立てた断りの言葉。「できない」よりも語感がやわらかくなるので、積極的に使っていきましょう。

▶断りの意思をやわらかく伝える

✖ 今は無理だね

⭕ **今回は
見送らせてください。**

実 例 大変申し訳ありませんが、今回は見送らせてください。

POINT 「今回は…」ということで、次回以降の可能性を残す言い方。今後も関係を継続したい相手に対して有効な表現です。

▶ 外的要因で断らざるを得ないとき

✗ ちょっと野暮用が

◯ **不本意では
ございますが……**

実例 不本意ではございますが、お受けできません。

POINT 「受ける気持ちはあるけれど、残念ながら…」というニュアンスを伝える表現。申し訳ないという気持ちを伝えましょう。

▶ 繁忙期の仕事を断る

✗ 忙しいから受けられないよ

◯ **時期が時期だけに
難しいです。**

実例 年末ということで、時期が時期だけに難しい状況です。

POINT 「本来なら承諾したところだけど…」という気持ちを伝える言い方。「時期さえ違っていれば…」と肯定的に表現するのもよいでしょう。

▶ 条件のよい仕事を断る

✗ いい話なんだけどね……

◯ **けっこうなお話ですが……**

実例 けっこうなお話ですが、今は難しいと思います。

POINT 「今でなければ…」と時期などが悪かったということを伝える言い方。引き受けたいときは、ネックとなっている条件を変えられないか相談してみるのも手です。

✖ **なんとかしたいんですが……**

○ **おあいにくさまです。**

実 例 御社の状況はわかりますが、今回はおあいにくさまです。

POINT あいにくに「お」をつけると「残念でした！」というニュアンスも伝える可能性があるので、使いどころに注意しましょう。

▶その仕事はできないと伝える

✖ **そういう仕事はできないな**

○ **ほかのことでしたら……**

実 例 申し訳ありません。ほかのことでしたら協力させていただきますが……

POINT 「このことでなければ…」と全否定せずに断る大人の言い方です。前向きな印象を与えられます。

▶後から予定が入ったとき

✖ **あの予定キャンセルね**

○ **急な差し支えがありまして……**

実 例 急な差し支えがありまして、欠席させていただいてもよろしいですか？

POINT キャンセルの理由を明確にしなくても、欠席をしなければならないぐらいの予定ということを相手に理解させるような言い回しです。

▶ 相手の意思に従えないと伝える

✖ 受け入れられないな

○ **承服しかねます。**

実例 その申し出には承服しかねます。

POINT 実は不服というニュアンスを伝えながら断る言い方。
立場や関係性に注意して使いましょう。

▶ どうしようもない理由で断る

✖ どうしようもなくて……

○ **やむなくお断りさせて
いただきます。**

実例 せっかくですが、今回はやむなくお断りさせていた
だきます。

POINT 本当は断りたくない気持ちがあるということを伝え
る言い回し。外部的な要因がある場合にも使えます。

▶ スケジュールの都合で断る

✖ その時間は埋まっちゃってるよ

○ **あいにく先約が……**

実例 あいにく先約がありまして、別のお時間をいただけ
ますか？

POINT 「アンラッキーなことに時間が重なってしまいまし
た！」という意味の表現。自分の都合のよい日時を
示すのもよいでしょう。

▶ 参加したいができないと伝える

✗ 予定があるんで

**○ はずせない用が
ありまして……**

`実 例` はずせない用がありまして、今回は断念させてください。

`POINT` 「重要事項を抱えて、時間が重なってしまったので」という理由を添えた断り方。立場が上の相手に使うと失礼にあたることもあるので注意。

▶ どうしようもない事情で断る

✗ どうしようもないんで……

**○ よんどころない
事情があり……**

`実 例` よんどころない事情があるため、お断りさせてください。

`POINT` 「どうしてもはずせない用事を抱えているので…」というニュアンスを伝える言い方。家族の不幸など、やむを得ない理由のときに使いましょう。

▶ 謙遜の意思を示して断る

✗ 自分じゃ無理ですよ

**○ <ruby>若輩者<rt>じゃくはいもの</rt></ruby>の私には
荷が重いので……**

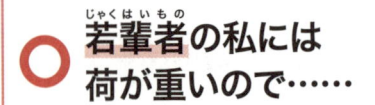

`実 例` 若輩者の私には荷が重いので、辞退させてください。

`POINT` 「自分がかかわることで迷惑をかけてしまう」というニュアンスを伝える表現。未熟者と言い換えてもよいでしょう。

▶ やむを得ず断る

✖ やってあげたいけど……

◯ 心ならずも……

実例 心ならずもお断りせざるを得ない状況です。

POINT 「本心ではないのですが…」とこちらの気持ちも察してほしいことを伝える言い回し。相手の理解を求めましょう。

▶ 酒の誘いを断る

✖ 飲めないんで……

◯ 不調法なもので……

実例 不調法なもので、お付き合いできず申し訳ありません。

POINT 自分を低めて、相手にそれ以上勧められないような言い方。「飲めない」と拒絶するのではなく、自分の責任を強調する言い回しです。

心ならずも、お断りさせてください…

仕方ないか

SCENE 02

謝り方を間違えると、さらに大きな問題を引き起こしてしまうので、注意しましょう。

謝る

▶ 事情を述べてわびる

✖ ○○ですいません

⭕ 深く陳謝（ちんしゃ）します。

実 例 この度の不祥事、深く陳謝します。

POINT 陳謝だけでも申し訳ない気持ちを表しますが、さらに「深く」をつけてより謝罪の意思を強調しています。

▶ 全面的に非を認めてわびる

✖ ほんとに申し訳ない！

⭕ 平（ひら）にご容赦願います。

実 例 ○○の件、平にご容赦願います。

POINT 「平に」ということで、頭を下げている様子がイメージできるので、より気持ちが伝わりやすくなります。

▶ 認識不足をわびる

✗ それ気づかなかったんで

○ 私の認識不足で……

実例 私の認識不足で、このような事態を招いてしまいました。

POINT 自分の責任を素直に認めて、謝罪する表現。合わせて打開策や改善案を提示するとなおよいでしょう。

▶ 言い訳をせずにわびる

✗ 言い訳してもしょうがないんで……

○ 申し開きできません。

実例 ○○の件、いっさい申し開きができません。

POINT 潔さが伝わるので、これ以上責めにくくなる言い回し。言い訳にならないように失敗の理由や経緯を説明しましょう。

▶ 自分の失敗を認める

✗ 恥ずかしいです

○ お恥ずかしい限りです。

実例 私のミスでこのような状況となり、お恥ずかしい限りです。

POINT 本当に反省している様子が伝わる言い回し。初歩的なミスや勘違いのときに使うべき表現です。

▶ 断ったことをわびる

✕ またいい話があったら……

〇 **お役に立てず……**

実例 お役に立てず、申し訳ありません。

POINT 素直でストレートな言い方なので、好感を持たれやすい表現。主に依頼を断った後に使う言い回しです。

▶ 自分の浅薄さを認める

✕ そこまで考えてなかったです

〇 **考えが及びませんで……**

実例 〇〇の件、考えが及びませんでした。

POINT 力不足であると素直に伝えることで、相手が感情的になることを防げます。自分を下げて、相手に敬意を表する大人の言い回しです。

▶ 失敗を認める

✕ 失敗しちゃって……

〇 **失態を演じてしまい……**

実例 この度は失態を演じてしまい、申し訳ありませんでした。

POINT 「言い訳のしようがありません」という反省の気持ちが伝わる表現。大失敗ではなく、ちょっとした失敗のときに使いましょう。

▶ 反省を示す

✗ すっごく反省してます

○ 猛省（もうせい）しております。

> **実例** 先日の打ち合わせの件、猛省しております。

> **POINT** 反省しているということを最大限に相手に伝える言い方。猛省したあとに、同じミスを繰り返さないように注意。

▶ 不都合を謝罪する

✗ 自分のせいです

○ 不徳のいたすところです。

> **実例** ○○社との商談が成約しなかったのは、私の不徳のいたすところです。

> **POINT** 自分の力不足が原因であることを素直に認めているので、相手によい印象を与えることができます。

▶ ミスを認める

✗ うっかりしちゃって

○ うかつにも……

> **実例** うかつにも裏の事情にまで言い及んでしまい、申し訳ありませんでした。

> **POINT** 自分の人間としての力量が足りなかったことを上手く伝えられる表現。「うっかり」と同義ですが、「うかつ」の方がビジネス向きです。

▶ 誤解が生じたことをわびる

✖ 誤解ですよ

⭕ **心得違いがあり……**

実例 心得違いがあり、お手数をおかけして申し訳ありませんでした。

POINT 「心構えが間違っていました」と自分の解釈の仕方が間違っていたことを素直に伝えることがポイント。

▶ 説明不足をわびる

✖ ちゃんと言ったのに……

⭕ **言葉が足りず……**

実例 私の言葉が足りず、申し訳ありませんでした。

POINT 十分に伝わっていなかったことを、自分の説明不足として相手に納得させる言い回し。相手のミスをフォローするときにも使えます。

▶ 配慮が足りなかったことを認める

✖ なんでわかんないの？

⭕ **意を尽くせず……**

実例 意を尽くせず、不本意です。

POINT 一生懸命頑張ったのですが、力及ばず申し訳ないという意味。思っていたことをすべてやりきれなかったときに使います。

▶相手の配慮に感謝する

✖ 助かるわ！

⭕ かたじけなく……

実例 打ち合わせの場所を設定していただき、かたじけなく存じます。

POINT 「かたじけなく」は、時代劇のような表現で若干違和感を抱かせてしまうかもしれないので、ときと場合を選んで使いましょう。

▶相手を怒らせたとき

✖ 怒らせちゃって

⭕ ご気分を害してしまい……

実例 先日の打ち合わせでは、ご気分を害してしまい申し訳ありませんでした。

POINT 大変失礼なことを行い、深く反省していることを伝える言い回し。自分本位ではなく、相手の気持ちを考えた大人の言い方です。

▶謝罪の意思を示す

✖ 謝ります

⭕ 謝意（しゃい）を表します。

実例 関係各位に多大な迷惑をかけてしまったことに謝意を表します。

POINT 様々な関係者に対して、きちんとあらためて謝罪をするときに使う表現。文章表現でもよく使います。

▶ 自分の側の事情を説明する

✖ **そんなこんなで……**

○ このような顛末（てんまつ）で……

実 例 先日のミスの件、このような顛末で……。

POINT ミスが起きてしまった理由や経緯を説明する、大人の言い方。「原因をきちんと究明し、その改善に努める」といった印象を与え、これを文章にしたものを顛末書と言います。

▶ 礼を欠いたとき

✖ **失礼なんですけど……**

○ 不躾（ぶしつけ）ですが……

実 例 不躾な申し出で恐縮ですが、ご検討いただければ幸いです。

POINT 「誠に唐突で、驚かれるかもしれませんが、そこを押して何とかお願いします」というニュアンスを伝える表現。

▶ 自分の非をわびる

✖ **すいません**

○ 面目（めんぼく）ありません。

実 例 私のミスです。面目ありません。

POINT 相手に有無を言わせない謝り方なので潔い印象を与えられます。ミスを素直に認められるのも大人です。

▶ 不手際をわびる

✖ **自分はきちんとしたんだけど**

⭕ **不行き届きで……**

実例 私の不行き届きで、お手数をおかけして申し訳ありません。

POINT 「自分自身が配慮に欠けた。力不足で申し訳ない」と周囲のせいにしていないので、ストレートに謝罪の意思が伝わります。

▶ 段取りの悪さをわびる

✖ **バタバタしちゃって……**

⭕ **お騒がせして……**

実例 何度も電話をしてしまい、お騒がせして申し訳ありません。

POINT 「申し訳ない気持ちは十分あったのですが…」と念押しする謝り方。相手の気持ちを考えた言い回しなので印象がよくなります。

SCENE 03

大人の言い方を有効に使うことができれば、無用なトラブルは避けられるでしょう。

トラブルを回避する

▶ 今後は断りたい仕事を受ける

✖ 次はやらないからね

○ **今回限りと**
させてください。

実例 このようなご要望を受けるのは今回限りとさせてください。

POINT 「仏の顔も三度まで、これ以上は許しませんよ！」とくぎを刺す表現。立場を考えて使いましょう。

▶ 相手を気遣う

✖ 迷惑かけて……

○ **お気を悪く**
されましたら……

実例 お気を悪くされましたら、申し訳ありません。

POINT 「そんなつもりはないのですが、万が一…」というニュアンスで使います。先手を打って謝っておきたいときに使う表現です。

▶ 自分の意図と異なる結果のとき

✖ そういう意図はなかったんです

○ **本意ではありません。**

実例 このような結果を招いたのは本意ではありません。

POINT 自分の意図（＝本意）と異なる結果を招いたことを謝罪するときに使う表現。主に外的要因で失敗したときに使います。

▶ 大失敗をしたとき

✖ なかったことにして……

○ **顔向けできない……**

実例 ○○様に顔向けできない状況です。

POINT 「謝るに謝れないような状況をご理解ください」というニュアンス。主に目上の人に対して使う表現です。

▶ 恥ずかしい失敗をしたとき

✖ 恥ずかしすぎます

○ **合わせる顔がありません。**

実例 ○○様に合わせる顔がありません。

POINT 「顔向けできない」と同義ですが、「合わせる顔がない」の方が少しやわらかい表現なので、相手に合わせて使い分けてください。

▶ 完全に自分のミスのとき

✘ 全部私のせいです

○ **弁解の余地がありません。**

実例 今回のミスの件、いっさい弁解の余地がありません。

POINT 自分が全面的に悪いことを認めるときに使う言い回し。初歩的なミスで大失敗を招いたときなどに使います。

▶ かしこまってわびるとき

✘ 頭を下げて……

○ **謹んで
お詫び申し上げます。**

実例 ご迷惑をおかけしましたこと、謹んでお詫び申し上げます。

POINT 「謹んで」は「敬意を表して」「かしこまって」の意味。お願いやお悔やみを述べるときにも使います。

▶ 忘れていたとき

✘ すっかり忘れてて……

○ **失念しておりました。**

実例 ○○の件、失念しておりました。

POINT 「忘れていた私の責任です」と素直に認めて謝罪する言い方。ビジネスではよく使われる表現です。

▶ 自分の事情で辞退する

✖ すいませんが……

⭕ **勝手ではありますが……**

実例 勝手ではありますが、辞退させてください。

POINT ストレートに断るのも、ときには必要です。自分の意思であることをしっかりと伝えて断れば、無駄なトラブルを回避できます。

▶ 相手の意思を尊重しつつ断る

✖ わかりますけど……

⭕ **ごもっともですが……**

実例 ご意見ごもっともですが、弊社の事情をお汲みいただければ幸いです。

POINT 「勝手を言わせていただくと、こちらの状況や事情も汲み取ってほしい」ということを伝える表現です。

▶ 相手の期待に応えられないことを伝える

✖ 無理ですね

⭕ **ご希望には沿いかねます。**

実例 申し訳ありませんが、ご希望には沿いかねます。

POINT ビジネスではよく使う便利な断りの表現で、「できない」よりも若干やわらかい断り方になります。

「飲み会や接待」ですぐに使える言い方&フレーズ

取引先の人やお客さんと一緒に食事をしたり、お酒を飲むとき、どんな会話をすれば親しくなれるのか？相手に失礼にならないよう場を盛り上げる言い方とフレーズを紹介します。

接待を盛り上げる効果的なフレーズ

Aさん「Bさんってホントに仕事できますよねー、素晴らしいですぅ」

Bさん「はぁ……（おだてて契約を取ろうとする魂胆が見え見えだな）」

▼

Aさん「Bさんは、休みの日は何していらっしゃるんですか？」

Bさん「ゴルフに行くことが多いですね」

POINT 接待だからといって、過剰におだてるのは相手に不快感を抱かせるおそれもあるので NG。趣味や仕事、家族などの話題をさりげなく提示しましょう。

相手が会話に乗ってくる質問をする

接待や飲み会では、どんな話をすればいいのか会話に困る人も少なくないと思います。しかし事前に聞くことを考えておけば、ある程度話を続けることができます。

相手が乗ってきやすく、お互いの共通点を見出せる話題に「し・か・け」の３つがあります。プライベート面では「し＝趣味」「か＝家族」「け＝健康」、そしてビジネス面では「し＝仕事」「か＝課題」「け＝決意」になります。もちろん「奥さんとは最近どうなんですか？」など、いきなり馴れ馴れしい話題を持ち出すのも NG です。相手との距離感は近すぎず、遠すぎずで接しましょう。

接待で盛り上がるテーマ

接待や飲み会での話題は「し・か・け」で覚えておくと、会話に困ったとき、とっさに対応することができます。

> 「し・か・け」の話題で有意義な飲み会&接待に！

プライベート | ビジネス

  趣味 **し** 仕事

相手の性格がうかがい知れるし、共通点もみつけやすい。

「普段どんなお仕事をされているんですか」など、当たり障りのない感じがベター。

 家族 **か** 課題

デリケートな部分もあるので踏み込みすぎないよう注意。

ビジネスで課題を持っていない人はいないので、話題にしやすい。

  健康 **け** 決意

相手が年配者だと、とくに盛り上がりやすい話題。

接待や飲み会そのものが決起集会だったりするので、気持ちをひとつにする際に有効。

相手が寡黙なタイプだった場合

> Aさん「あの美味しいラーメン屋さん行きました？」
> Bさん「……はい」
>
> ▼
>
> Aさん「あのラーメン屋さんで何ラーメン食べました？」
> Bさん「……自分は、味噌が好きなので、味噌ラーメンを」
>
> **POINT** たとえ話し相手が寡黙でも、「はい」「いいえ」以外の答えを引き出すことで、話がはずむ可能性が広がります。

接待は場数を踏むことが大事！

　接待の席ではお酒も入るので、つい本音が出てしまったり、粗相をするおそれもあります。また緊張のあまりお酒を飲みすぎて、失敗した経験がある人もいるのではないでしょうか。

　しかし、接待の場数を踏むことで、緊張はある程度和らげることができます。さらに「こういう場合には、こうしたらいい」という対応術も磨かれるので、接待を面倒と思わず人生修業の一環と考え、チャンスがあれば積極的に出席していきましょう。

ADVICE

飲み会を断るときは……

「申し訳ございません。参加したいのですが、本日は少し風邪気味でして……。悪化させないよう、本日はご遠慮させていただきます」

POINT 参加したい気持ちがあることを伝えつつ、致し方なく欠席することを伝えましょう。何の理由もなく断ると、先方を困惑させてしまいます。後々禍根を残さないよう気をつけましょう。

接待＆飲み会での重要ポイント

仕事の場と違い、普段の姿が出るのがお酒の席のよいところでもあり、こわいところでもあります。相手の様子に気を配りつつ、相手が話しやすい質問をして場を盛り上げましょう。

接待＆飲み会ではここに注意！

1 相手の様子をよく観察する

例えば相手のグラスが空になっていたら、「ビールで大丈夫ですか？」「次は日本酒にしますか？」と気遣うことで、相手に好印象を与えることができます。

2 場の空気を読む

会話の話題選びでも、その場にふさわしいネタでないと、せっかくの楽しい席が盛り下がるおそれがあります。場の状況に応じたトークを展開するよう心がけましょう。

3 自分は黒子役に徹する

接待の席では、相手を盛り立てることが大事です。くれぐれも自分が中心にならず、黒子役に徹するようにします。

4 次の日にはお礼の電話 or メールを

午前中に電話してお礼を述べるのがベストですが、相手が多忙・不在であればメールを送るというのも有効なやり方です。

● 接待＆飲み会 困ったときの切り抜け方

1 お酒が飲めない

➡ **会話や注文など別手段で盛り上げる**

POINT 「飲めません」と愛想悪く答えるのは NG。「すぐ倒れちゃうんですよ」など体質的に合わないことをアピールし、トークや注文など別のところで場を盛り上げましょう。

2 自分の苦手な料理ばかり出てくる

➡ **体調不良などでごまかす**

POINT どうしても食べたくないものが出てきたら、「今日は体調が悪くて」「アレルギーがあって」と言ってごまかしましょう。

3 一発芸をリクエストされる

➡ **失敗しても場を盛り上げる**

POINT 宴会芸で場を盛り上げるのはなかなか難しいもの。仮に失敗してもフォローできる「スベり芸」もマスターしておくといいでしょう。

正しいアイ・コンタクトを覚える

目と目を合わせて話す「アイ・コンタクト」は、会話の中で大きな役割を果たします。しかしやり方を間違えると失礼になることもあるので、正しい目の合わせ方を覚えておきましょう。

キョロキョロするのは NG

　1対1での会話でも、相手の目を見て話すのは照れがあるもの。ましてや大勢の前で話すスピーチやプレゼンテーションとなると、恐怖から聴衆の目を避ける人も少なくないのではないでしょうか。

　大勢の前でのアイ・コンタクトが難しいのは、「見られている」という意識が強くなりすぎるからです。舞い上がった結果、アイ・コンタクトどころではなくなり、下を向いたり、天井を向いたりと、視線が定まらずキョロキョロして、落ち着かない印象を与えてしまうのです。

　しかし、聞き手というのはそこまで話し手の一挙手一投足に注目しているわけではありません。なかには好意的に見ている人もいるので、そういった人たちと意思の疎通をはかるつもりでアイ・コンタクトをしてみましょう。

アイ・コンタクトのよい例と悪い例

よい例（ライフル型）

1人につき3秒ほどアイ・コンタクトをとり、話の区切りで視線を変える。

悪い例（機関銃型）

視線が定まらず、キョロキョロして落ち着かないように見えてしまう。

アイ・コンタクト チェックシート

アイ・コンタクトの悪い例10項目を紹介。5項目以上当てはまる人は、改善してみましょう。

☐ キョロキョロして視線が定まらない。
☐ 天井や床を見てしまう。
☐ 特定の人にだけ長時間アイ・コンタクトをする。
☐ 目が合ったと思ったら、まぶたを閉じてしまう。
☐ 端から順番に、機械的にアイ・コンタクトをする。
☐ 相手をついにらみつけてしまう。
☐ メガネを外して、聞き手が見えないようにする。
☐ あごを突き出してアイ・コンタクトをする。
☐ 同じリズムで、首を回しながらアイ・コンタクトをする。
☐ アイ・コンタクトをするとき、まばたきが多い。

第 **5** 章

意志を伝えるときの
モノの言い方

意志を伝える
●
共感を示す
●
自己主張する
●
相手を立てる

SCENE 01

Yes であっても、No であっても、自分の意見をしっかりと伝えられるようにしましょう。

意志を伝える

▶ 問い合わせを受ける

✖ OK です！

⭕ 承りました。
<small>うけたまわ</small>

実例 お問い合わせありがとうございます。私、○○が承りました。

POINT 「承りました」に加えて自分の名前を名乗ることで、「責任もって承りました」という気持ちを伝えることができます。

▶ 相手から言われたことを引き受ける

✖ 了解です！

⭕ かしこまりました。

実例 かしこまりました。早速手配させていただきます。

POINT 「かしこまりました」の後にすぐに手配すると言うことで、確約したことを伝え、相手の気持ちを変えさせない効果もあります。

▶ 快く引き受ける

✖ 楽勝です！

⭕ **お安い御用です。**

実例 お安い御用です。今日中に手続きをさせていただきます。

POINT 「お安い御用です」に続けて「今日中に」という「具体的な納期」を知らせることで、相手を安心させる効果もあります。

▶ 提案を受け入れる

✖ こんないい話……

⭕ **願ってもない話です。**

実例 構成に悩んでいたところでしたので、願ってもない話です。

POINT よい提案をしてもらったときに使う言葉。「〜していたので」という理由を入れると、その後の言葉に信憑性が出ます。

▶ 承諾の意思を伝える

✖ 大丈夫だと思います

⭕ **異存ありません。**

実例 ○○の見積もり、弊社としては異存ありません。

POINT まったく問題がないときに使う言い回し。「ご異存ありませんか？」と変化させれば、相手の意見を引き出すこともできます。

▶ どんな頼みでも引き受ける

✖ 何でも言ってください

◯ 何なりと
お申しつけください。

実例 今後とも、何なりとお申しつけください。

POINT ビジネスシーンではよく使うフレーズ。ほかに「お気軽にお声をかけてください」などもよく使うので覚えておきましょう。

▶ 喜んでする

✖ 全然いいですよ

◯ やぶさかではありません。

実例 弊社で取り仕切ることもやぶさかではありません。

POINT 「喜んでする。努力を惜しまない」という意味合い。少しもったいをつけたいときにも使えるフレーズです。

▶ 忙しいので後回しにする

✖ 忙しいんで……

◯ 取り込んでいるため……

実例 取り込んでいるため、後ほど改めさせていただきます。

POINT 上手に断りたいとき、手が離せないときなどによく使う便利な言葉。「忙しいので」だと「お互い様だ！」と取られかねないので注意。

▶ 地位の上下を取り払う

✗ 何でも言っていいですよ

○ 無礼講に……

実例 今日は無礼講にして、親睦を深めましょう。

POINT 「無礼講」と言っても、大人として、職場の人間関係が崩れないようにする配慮は必要なので、注意しましょう。

▶ 部下や後輩に配慮する

✗ 私は邪魔でしょうから……

○ かえって 気詰まりですから……

実例 私がいるとかえって気詰まりでしょうから、お先に失礼します。

POINT 「気詰まり」という言葉は、場合によっては相手に不安な気持ちを抱かせることもあるので使いどころに注意。

▶ 先に席を外す

✗ じゃあ、先に帰ります

○ おいとまいたします。

実例 大変申し訳ありませんが、おいとまいたします。

POINT 個人宅を訪問した帰り際によく使うフレーズ。会社を訪問したときに使うと、場にそぐわないこともあるので、ときと場合を選んで使ってください。

▶ 見極めが優れている人を評する

✖ よく見てますよね

◯ 目が利く方ですね。

実例 ○○さん、本当に目が利く方ですよね

POINT 相手をほめるときに使う言葉。「お目が高い」などとも言います。ほめるときは少し変わった表現をすると、独自性や個性が高まり効果的です。

▶ 深い知識を評する

✖ そんなことも知ってるんですね

◯ 造詣（そうけい）が深いですね。

実例 芸術の分野に造詣が深いんですね。

POINT その分野について「広く深い知識や技能を持っている」という意味になります。大人の言い方として覚えておきたい言葉。

▶ 昇進を祝う

✖ いいとこに行きますね

◯ ご栄転 おめでとうございます。

実例 ○○さん、本社に行かれると聞きましたよ。ご栄転おめでとうございます。

POINT 栄転のお祝いは重大なことなので、間違いのないように念のため事前に情報を再確認しておくとよいでしょう。

▶ 軽やかでしゃれている人を評する

✖ **しゃれてますよね**

⭕ **軽妙洒脱（けいみょうしゃだつ）ですね。**

実例 どんなにつらいときでも、軽妙洒脱ですよね。

POINT 会話や文章などが軽やかで洗練されているという意味。あまり聞きなれない言葉なので、「軽妙洒脱、つまり…」と若干解説の言葉を入れると親切。

▶ 豪快な人を評する

✖ **おおざっぱですね**

⭕ **豪放磊落（ごうほうらいらく）ですね。**

実例 あの豪放磊落な性格が人を惹きつけるんでしょうね。

POINT 豪放も磊落も、ほぼ同じ意味なので、強調できます。度量が広く大胆で小事にこだわらない性格ということを伝えられます。

▶ 裏表のない人を評する

✘ 裏表ない人なので……

○ 陰ひなたのない方
なので……

実例 陰ひなたのない方なので、信頼できます。

POINT 「裏表」と言うと単純な印象を与えかねません。「陰ひなた」は「人の見ている、見ていないにかかわらず変わらない」というほめ言葉です。

▶ 人徳のある人に敬意を表する

✘ ああいう人になりたいですね

○ あやかりたいですね。

実例 ○○さんの人望にあやかりたいですね。

POINT 「人望」はその人独特の長所・個性、持ち味を表すので、「人望にあやかりたい」と使うと「人間的にあこがれている」というニュアンスを伝えることができます。

▶ 相手の好みを知らずに食べ物を贈る

✘ 美味しいので……

○ お口に合うか
わかりませんが……

実例 お口に合うかわかりませんが、お受け取りください。

POINT 食べ物の場合は好き嫌いがあるので、この言葉を添えておいた方が間違いはありませんが、できればその方の好きなものを事前に調べておくとよいでしょう。

▶留意を促す

✖ 一応、言っておきますね

○ お含みおきください。

実例 仕入れ先の状況が不安定ですので、その点だけお含みおきください。

POINT ビジネス上では、常に「万が一」の場合も考えておかなければなりません。相手に迷惑がかからないような配慮を示す言葉として覚えておきましょう。

▶気晴らしを勧める

✖ どこかでスカッと……

○ 気散じに……

実例 気散じにどこかに行かれてはいかがですか？

POINT 「気晴らし」と同じ意味。親しい間柄で使う言葉なので、相手を選んで使うように注意してください。

▶休養を勧める

✖ 休んでください

○ ご養生ください。

実例 今度、温泉に行かれるんですね。日頃の疲れを癒やして、ご養生ください。

POINT 養生には治療的なニュアンスもあり、若い世代には耳なじみが悪いこともあるので、主に年配の方に使いましょう。

▶ 来訪に感謝する

✕ 久しぶりに

○ お珍しくも……

実例 お珍しくもお運びいただいて光栄です。

POINT 目上の人に対して使う言い回し。「久しぶり」という意味に加えて、「わざわざお越しいただいて恐縮です」というニュアンスを伝えることができます。

▶ 受け取りに感謝する

✕ 受け取り、感謝です！

○ ご笑納ください。

実例 ○○を送付しましたので、ご笑納ください。

POINT 「つまらないものですが、笑ってお納めください」という意味なので、相手や状況によって使い分けるとよいでしょう。

▶ 贈り物に感謝する

✕ 使ってますよ

○ 重宝しております。

実例 先日はお土産をいただきありがとうございました。大変重宝しております。

POINT 「便利で役立つもの」という意味で、お菓子などのお土産に対して使うと違和感があるかもしれないので注意。

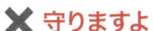 ▶ 約束を守る意思を伝える

✖ 守りますよ

○ 遵守（じゅんしゅ）します。

実 例 ご指示いただいた点、遵守させていただきます。

POINT 現在では「コンプライアンス＝法令遵守」という言葉が広く浸透しているので、ビジネス上では効果的に伝わります。

▶ 仕事に精を出す姿に敬意を表する

✖ がんばってるよね

○ ご精励（せいれい）いただき……

実 例 私どものためにご精励いただき感謝しております。

POINT 漢字を見れば意味がわかりやすいが、会話の中で使うと音声情報になるので、若干伝わりにくくなるかもしれない点に注意。

▶ 進行中であることを伝える

✖ やってる途中です

○ 鋭意（えいい）執り行っています。

実 例 お問い合わせいただいた件、鋭意執り行っております。

POINT 進行中の案件に対して、一生懸命取り組んでいる姿勢を示す言い回し。「今○○している段階です」など、具体的な状況を伝えるのもよいでしょう。

▶ 身分や立場を越えて何かをする

✖ ぶっちゃけ……

○ 僭越（せんえつ）ながら……

実 例 僭越ながら、私の意見を言わせていただいてもよろしいですか？

POINT 立場を超えて意見をするときに使う言い回し。印象に残りづらい言葉ではありますが、使うとあらたまった印象を与えられます。

▶ 先んじて何かをする

✖ 忘れていると思ったので……

○ 失礼かとは思いましたが……

実 例 失礼かとは思いましたが、こちらで準備させていただきました。

POINT 気を利かせて何かをしたときに使う言葉。基本的には喜ばれることが多いと思いますが、相手の事情や立場などを十分考慮しておく必要があります。

▶ 情報を伝える

✖ 耳寄り情報が……

○ お耳に入れておきたい……

実 例 サービスインの前に、お耳に入れておきたいことがあります。

POINT 「お耳に入れる」という表現によって、あらたまった重要な内容であるというニュアンスを伝えられる言い回しです。

▶ 自分の苦しい気持ちを伝える

✖ **困っちゃうなぁ**

○ **困惑いたしております。**

実例 突然の変更に困惑いたしております。

POINT あってはいけないことなので、腹立たしく思っているが、そこを「困惑している」と表現することで印象を和らげられます。

▶ 時間がないということを伝える

✖ **時間ないので……**

○ **手短にお願いできますか?**

実例 打ち合わせの時間が迫っておりますので、手短にお願いできますか?

POINT 相手の感情に配慮しながら「時間がないから対応できません」とせずに、「時間はないけど話は聞いてみます」ということを伝えるフレーズです。

▶ 再度考え直してもらう

✖ **もう一回考えてもらえませんか?**

○ **再考の余地がありそうですね。**

実例 この案件については、再考の余地がありそうですね。

POINT 現在の方向性をきっぱりと否定するのではなく、「よりよくするためには…」といった意味を含ませる言い方です。

▶ 悩んでいる相手を気遣う

✖ **大変でしょう**

○ **頭を痛めて
いらっしゃる……**

実 例 頭を痛めていらっしゃることがあるんじゃないですか？

POINT 「悩んでいること」「困っていること」という意味合いを広く伝えることができるので、相手の話を引き出しやすくなります。

▶ 相手を心配する

✖ **心配してます**

○ **ご案じ申します。**

実 例 ○○様の体調をご案じ申します。

POINT 「案じる」とは「心配している」という意味。普段はあまり使いませんが、目上の人に対して、改まった場面で使うと効果的です。

▶ 気の毒な思いを伝える

✖ **悲しいです**

○ **ご愁傷さまです。**

実 例 ○○さんの訃報、聞きました。ご愁傷さまです。

POINT 「愁傷」は相手を気の毒に思うこと。ストレートな表現なので、相手や場面によって使い分けるとよいでしょう。

▶ 亡くなった方をいたむ

✖ 悲しいです

⭕ **ご冥福をお祈りします。**

実例 ○○様のご冥福をお祈りします。

POINT 弔電や文章表現などでよく使う表現。話し言葉で使う機会は限られますが、改まった場面で使うと効果的です。

▶ 遺族を気遣う

✖ 残念です

⭕ **お悔やみ申し上げます。**

実例 このたびは、心からお悔やみ申し上げます。

POINT 対面して伝えるときによく使うフレーズ。語調や態度にも気を配って、なによりも気持ちを込めて伝えることが最も重要です。

> 頭を痛めていらっしゃることがあるんじゃないですか？

うーん

SCENE 02

相手の気持ちを尊重しつつ、自分の意見にも言及していくような言い方がよいでしょう。

共感を示す

▶ 相手の失敗をなぐさめる

✖ もう失敗するなよ

○ **いい経験をしたね。**

実例 いい経験をしたね。この経験を次にいかそう。

POINT 相手が失敗して落ち込んでいるようなときに、励ました上で、さらにプラスの印象を与える大人の言い方です。

▶ 相手の考えに可能性を示す

✖ どうですかね

○ **もしかしたらあるかもね。**

実例 そういう意見も、もしかしたらあるかもね。

POINT 「視点や立場などを変えて考えれば、そうとも考えられるかも」と、基本的には相手の考えや可能性を否定していない大人の言い方。

▶ 相手の状況への憧れを示す

✖ へー、そうなんですね

○ 羨ましいです。

実例 そんな体験ができたなんて、羨ましいです。

POINT 相手の自尊感情をくすぐる大人の言い方。「そんな」の後に「貴重な」など、少し具体的な表現を用いるのもよいでしょう。

▶ 相手の知識に敬意を表する

✖ 知らないかもしれませんが

○ お聞き及びのことと思いますが……

実例 お聞き及びのことと思いますが、弊社のサービスは……

POINT 「すでにご存じだとは思いますが…」と肯定的に伝えることで、確認・念押しの効果もあるフレーズです。

▶ 相手の見識をほめる

✖ わかってますね〜

○ お目が高いですね。

実例 さすが○○さん、お目が高いですね。

POINT 相手をほめる場合の代表的な表現。言われる方としても悪い気のしない言葉ですが、語調によっては「ごますり」の印象を与えてしまうので注意。

▶ 相手の状況をおもんぱかる

✖ わかりますよ

〇 重々お察しします。

実例 御社の苦しい状況、重々お察しします。

POINT 相手の状況に理解を示して、共感を生む表現。相手側の苦しい状況なので、あまり大げさに言ってはいけない場合もあります。

▶ 相手に配慮を示す

✖ すみませんが、お願いします

〇 お手数おかけします。

実例 お手数おかけしますが、よろしくお願いします。

POINT 決まり文句のようによく使う言葉。「お手数をおかけします」を最初に入れるのと、入れないのとでは、伝わり方も変わります。

▶ 相手に金銭を支出させた

✖ 助かったわ！

〇 思わぬ散財を させてしまい……

実例 思わぬ散財をさせてしまい申し訳ありませんでした。

POINT 散財は「不必要なことに金銭を使うこと」という意味。申し訳ないという気持ちを込めて伝えましょう。

▶ 話を転換させる

✖ 全然、話が変わるんですけど

⭕ その話と
似ているのですが……

実 例 その話と似ているのですが、最近○○ということが
あって……。

POINT 相手の話に乗って、話題を広げたり、内容を掘り下
げたり、自分の話を展開していくときに、有効で上
手な話し方。

▶ 苦しさに配慮する

✖ つらいでしょうね

⭕ 苦衷（くちゅう）を察します。

実 例 苦衷を察しますが、何とかお願いできないでしょう
か？

POINT 相手のつらい心のうちを察して配慮した言い方です。
そんな相手の状況もわかった上で、お願いをすると
きに使いたい表現。

▶ 相手との出会いを喜ぶ

✖ 会えてよかったです

⭕ このたびは
ご縁ができて……

実 例 ご挨拶が遅れましたが、このたびはご縁ができて嬉
しく思っております。

POINT 「ご縁」という言葉には「良縁」というニュアンス
があるので、相手とのよい関係ができたというプラ
スのイメージを与えることができます。

▶ ささやかなものを贈る

✕ こんな物でなんですが……

○ かたちばかりですが……

実例 かたちばかりで恐縮ですが、お受け取りください。

POINT よく使う表現なので形式的なイメージを与えないように、気持ちを込めた言葉を添えて伝えると効果的です。

▶ 贈り物をする

✕ これ、持ってきました

○ 心ばかりですが……

実例 心ばかりの品ですが、受け取っていただけますか？

POINT 「自分の精一杯の気持ちです」というニュアンスを伝える言い回し。心を込めて伝えるように気をつけましょう。

▶ 相手の期待に応えられない

✕ できなくてすみません

○ 心苦しく思っております。

実例 期待に応えられず、心苦しく思っております。

POINT 「今回は期待に応えられないが、今後ともよろしくお願いします」という意味合いを伝える大人の言い方です。

▶ 心配していることに配慮する

❌ 後は大丈夫です

⭕ **心残りでしょうが……**

実 例 心残りでしょうが、あとは私たちに任せてください。

POINT やむを得ず途中で席を外したり、職務を離れたりする相手に使う言い回し。相手の迷いを吹っ切るように、きっぱりと自信を持って伝えることが必要です。

▶ 相手の苦境に配慮する

❌ なにかいいことありますよ

⭕ **お気の毒です。**

実 例 今回のような結果になってしまい、お気の毒です。

POINT 上から目線にならないように気をつけましょう。プラスの表現を付け加えて、前向きになれるようにできればさらによくなります。

▶ 苦労を察する

❌ 大変ですよね……

⭕ **ご心痛のほど……**

実 例 ご心痛のほど、お察しします。

POINT 「自分も経験したので、お気持ちはよくわかります」という気持ちを込めた表現です。自然に使えるようにフレーズを覚えておきましょう。

▶ 引く姿勢を見せる

✖ しょうがないですね

**○ ○○さんには
かなわないな。**

実 例 ○○さんにはかなわないな。今回だけですよ。

POINT 「あなたにはかなわない！」という言葉によって、自分自身を相手より下げているので、スムーズに相手をいい気分にさせられます。

▶ 敬意を表して賛同する

✖ そうですね

○ ごもっともです。

実 例 ○○さんのご指摘、ごもっともです。

POINT 「ご指摘はその通りです」と相手の意見を一旦受け入れているので、その後の自分の話につなげやすくなります。

▶ 相手の意見に賛同する

✖ その通り！

○ おおせの通りです。

実 例 お問い合わせありがとうございます。おおせの通りです。

POINT お客様に対して使う「言う通り」の最上級の言い方。最初に「ありがとうございます」をつけると、より相手を敬う姿勢が伝わりやすくなります。

▶ 相手の意見に賛同する

✖ わかってますね

◯ おっしゃる通りです。

実 例 ○○さんのおっしゃる通りです。

POINT 「おおせの通り」よりも少しやわらかめの表現。相手の意見をしっかりと受け入れる気持ちを持って伝えましょう。

▶ 相手の喜びに共感を示す

✖ 私も同じです

◯ ご同慶（どうけい）に存じます。

実 例 この度の商談成立の件、ご同慶に存じます。

POINT 「同慶」は相手の慶事を自分のこととして一緒に喜ぶ気持ちを表します。文章表現や改まった場所で使うフレーズです。

SCENE 03

印象を残したいとき、アピールしたいときも、過剰にならない程度の表現を心がけて。

自己主張する

▶ 今後の成長を約束する

✕ もっとがんばります

○ 精進いたします。

実 例 これからも今まで以上に精進いたします。

POINT 「がんばります」よりも落ち着いた印象を与えられます。これからの自分の姿勢をキチンと伝えるように表現しましょう。

▶ 相手に協力する

✕ やりますよ

○ 微力ながら……

実 例 微力ながらお手伝いさせていただきます。

POINT 謙遜した表現。「微力では困る！」という考えの人もいるので、相手と状況をよく考えてから使いましょう。

▶ 反対意見を述べる

❌ **違うんじゃないですか**

○ **お言葉を返すようですが……**

実例 お言葉を返すようですが、それは間違っていませんか?

POINT 相手の意見に反論するときに有効な言い回し。ただし、相手の間違いを指摘するときは、相手の立場や自尊感情を守る言い方が不可欠です。

▶ 遠回しに反対意見を述べる

❌ **ちょっと違うかもしれませんね**

○ **見解が割れますね。**

実例 その辺りは、見解が割れますね。

POINT 正面から「間違っている」と伝えるのではなく、「見方が違う」といった表現にすることで、角を立てずに意見することができます。

▶ 手伝いを申し出る

❌ **手伝わせてください**

○ **及ばずながら、お手伝いさせていただきます。**

実例 プレゼンの件、及ばずながら、私もお手伝いさせていただきます。

POINT 「私の限られた力ですが…」と、自分を謙遜して伝える言い方です。プロジェクトのメンバーに立候補するときなどにも使えるフレーズです。

▶相手の意見を確認する

✖ **それ、本当ですか?**

○ **裏のないお言葉と……**

実例 裏のないお言葉と受け取らせていただきます。

POINT 「あなたを信じて素直に受け取りますよ」と念を押し、くぎを刺して確認する慎重な言葉遣いです。

▶立場を越えて発言する

✖ **ここだけの話……**

○ **直言（ちょくげん）させていただきます。**

実例 今後のために、失礼ながら直言させていただきます。

POINT 「仕事のお付き合いもこれから続きますので…」という前提を入れることで、直言が和らいで伝わり、相手を聞く姿勢にさせることができます。

▶付き合いをやめたいとき

✖ **もうお願いしません**

○ **今後のお付き合いはご遠慮させていただきます。**

実例 今回のようなことが続くのであれば、今後のお付き合いはご遠慮させていただきます。

POINT たとえ相手に落ち度があったとしても、ビジネスの場では冷静に伝えることが大切です。ケンカ別れになって、ほかの人への印象を下げないように注意しましょう。

▶ 反省を伝える

✖ 申し訳ないです

⭕ **慚愧（ざんき）に堪えません。**

実例 私の不手際でご迷惑をおかけしてしまい、慚愧に堪えません。

POINT 慚愧は「自分の過ちや見苦しさを反省して、心に深く恥じる」という意味。それを「堪えない」と表現することで深く反省している様が伝わります。

▶ 必要なことを伝える

✖ 必要なことだけ伝えます

⭕ **要用（ようよう）のみ お伝えいたします。**

実例 取り急ぎ、要用のみお伝えいたします。

POINT 急いでいるとき、相手側とすでに内容の確認がなされているときなど、用件のみを簡潔に伝えるときに使う言い回しです。

▶ 相手の意見を覆させる

✖ もう一回考えません？

⭕ **そうとは限らないので……**

実例 そうとは限らないので、もう少し考えてみませんか？

POINT 「様々な可能性を含んでいる」「早急に結果を求めすぎても良くない」「思い込みで決めつけると危険だ」などの意味合いを伝えられます。

▶ 諦めそうな人を叱咤する

✖ 諦めたら終わりだ！

> **◯ ダメだと決まった わけじゃない。**

実 例 ダメだと決まったわけじゃない。ここからが勝負だ。

POINT 「最後まで諦めてはいけない」「気持ちをリセットして再スタートしよう！」など、激励の気持ちを伝え、相手に勇気を与えることができます。

▶ 挨拶が遅れた

✖ 遅れちゃってすいません

> **◯ 申し遅れましたが……**

実 例 申し遅れましたが、私、◯社の◯◯と申します。

POINT 名刺交換の際に、相手の名刺を受け取ってから自分の名刺を相手に渡すときに使います。名乗り忘れて、相手から「どちら様？」と尋ねられたときにも使えます。

▶ 関係性を示す

✖ 私と◯◯さんの仲なので……

> **◯ 旧知の仲ですので……**

実 例 御社の社長とは旧知の仲ですので、今後ともよろしくお願いします。

POINT 共通の知人や取引先と古くから付き合いがあることを伝えて、安心感を与える言い回しです。電話などでは「窮地」と勘違いされる可能性もあるので文脈に注意。

▶ 転職する方を応援する

✗ がんばってくださいね

○ ご活躍をお祈りします。

実例 ○○さんの新しい職場でのご活躍をお祈りします。

POINT 応援している気持ちをスマートに表す言い方です。「大変ですね」といった否定的な表現ではなく、相手の気持ちを尊重した言い回しにするのが重要。

▶ 相手の期待に応えられないと伝える

✗ 悪く思わないでください

○ 悪しからず……

実例 どうか悪しからずご了承ください。

POINT 相手の希望や意向に沿えない場合などに用いる言葉。「気を悪くしないで」という意味合いで使います。

▶ 相手の厚意を辞する

✗ 気遣わないでくださいよ

○ お気遣いなく。

実例 すぐに帰りますので、どうかお気遣いなく。

POINT 「すぐに帰りますので…」などの理由を入れることで、相手に「お気を遣わないでも大丈夫です」ということをすんなりと伝えることができます。

▶ 精一杯がんばると伝える

✖ がんばります！

⭕ 全力を傾注します。

実例 発注ありがとうございました。全力を傾注させていただきます。

POINT 全力を注ぎ、傾けるという意味。会話の中で「傾注」と使うと相手を戸惑わせる場合もあるので、相手や場面を選んで使いましょう。

▶ 今後も勉強していく姿勢を示す

✖ 今後の成長に期待してください

⭕ 研鑽に励む所存です。

実例 今回の結果に甘んじることなく、今後も研鑽に励む所存です。

POINT 「勝って兜の緒を締めよ」のように「今後も気を引き締めて努力に励む」という気持ちを伝えられる大人の言い方です。

▶ 失敗に負けない姿勢を示す

✖ 次は大丈夫です

⭕ 今回の失敗を糧に……

実例 今回の失敗を糧に、がんばります。

POINT 「失敗を肥やしに…」や「バネに…」と言うよりも「糧（＝精神・生活の活力の源泉）」の方が使用頻度が高く、スマートになります。

▶ 久しぶりに会う

✗ お久しぶりです

○ **ご無沙汰しております。**

実 例 ご無沙汰しております。お元気でしたか？

POINT 少しあらたまった場面で使うあいさつ。ビジネス上ではとくによく使う挨拶言葉なので、すんなりと使えるようにしておきたい言い回しです。

▶ 先に帰る

✗ お先です！

○ **お先に失礼します。**

実 例 本日はありがとうございました。お先に失礼します。

POINT いきなり「お先に失礼します」だけを伝えると、唐突な印象を与えてしまいます。感謝の言葉を先に言うことで、その後の言葉が伝わりやすくなります。

> 今後も研鑽に励む所存です！

よかったよ

SCENE 04

いかに自分が「相手のことまで考えているか」を、さりげない言い回しで表しましょう。

相手を立てる

▶ 名前を記入してもらう

✖ お名前を書いてください

⭕ **お名前のご記入を
お願いいたします。**

実 例 お名前のご記入をお願いしております。

POINT 結婚式の受付などで、「芳名帳」に氏名を記入してもらうときの言い方。改まった場面でも言葉に困らないように覚えておきましょう。

▶ 敬意を表しつつ名前を聞く

✖ お名前を教えてもらえますか?

⭕ **ご尊名を
お聞かせいただけますか?**

実 例 お手数ですが、ご尊名をお聞かせいただけますか?

POINT 「ご尊名」は強い敬意を伝えることができる言葉。「お手数ですが」とつけることで、さらに丁寧な印象を与えることができます。

▶ 何かを見る

✖ 見ときます

⭕ **拝見いたします。**

実例 現場写真、受け取りました。拝見いたします。

POINT 「見る」の謙譲語。へりくだって、相手を立てる言葉遣いです。謙譲語を使うときは主語を「私」とすると、間違えにくくなります。

▶ 何かを読む

✖ 読んでおきます

⭕ **拝読いたします。**

実例 信用調査書、受け取りました。拝読いたします。

POINT 「読む」の謙譲語。書類やメールなどを受け取ったときに使うと、あらたまった印象を与えることができます。

▶ 相手の意見を聞く

✖ ご意見お聞きします

⭕ **ご意見拝聴いたします。**

実例 みなさまのご意見、拝聴いたしました。

POINT 「見る」「聞く」「話す」「する」「行く」「来る」などの基本的な言葉の尊敬語と謙譲語は、自然に出てくるようにしておくとよいでしょう。

▶ 相手の予定を確認して話を進める

✖ あの件ですけど……

○ お時間よろしいですか？

実例 今、お時間よろしいですか？　○○の件なんですが……。

POINT 電話をかけるときに礼儀や常識として使う言葉ですが、相手の都合を確認することで、こちらの話を聞いてもらう状況が作れます。

▶ 誰かと会う

✖ 会えますか？

○ お目にかかる機会があれば……

実例 ○○様にお目にかかる機会があれば幸いです。

POINT 相手を敬う言葉で、より丁寧さを伝えることができます。初対面の人にこの言葉を使うと第一印象がよくなる効果もあります。

▶ 取引先から帰る

✖ ではそろそろ帰ります

○ お邪魔しました。

実例 本日はありがとうございました。お邪魔しました。

POINT 別れのあいさつは「ありがとうございました」などひとつではなく、複数を組み合わせて使うと、より丁寧で相手を立てている印象を与えられます。

▶ 相手の能力をほめる

✖ すごい

○ 卓越した……

実例 卓越した手腕をお持ちですね。

POINT 「とびぬけて素晴らしい」というイメージを与えて、相手を立てる言い方。このフレーズを聞いて喜ばない相手はなかなかいません。

▶ 今後のために質問する

✖ 教えてもらえますか？

○ 後学<ruby>後学<rt>こうがく</rt></ruby>のため
教えていただけますか？

実例 勉強不足で申し訳ありませんが、後学のため教えていただけますか？

POINT 「今後に役立てるために…」という意味。会話で使うときは、ときと場合によって、意味の似ている「今後」と言い換えてもよいでしょう。

▶ 相手の窮状に配慮する

✖ わかります！

○ 胸中お察しします。

実例 ○○様の胸中お察しします。

POINT 「胸中＝胸の内、心に思っていること」という意味で「心中」とも同義です。相手の状況に配慮する大人の言い方。

▶ 相手に敬意を表する

✖ なるほど！

○ **勉強になりました。**

実例 貴重なお話しを聞かせていただいて、勉強になりました。

POINT 「勉強になった」という表現は、自分のためになったという気持ちを伝えると共に、相手の自尊感情も守ることができる便利な言葉です。

▶ 相手の好意を受ける

✖ いいんですか？

○ **お言葉に甘えさせていただきます。**

実例 お誘いありがとうございます。お言葉に甘えさせていただきます。

POINT 相手からの誘いを快く受けるという気持ちを伝える言葉で、ビジネス上頻繁に使います。誘いを受けたらスマートに使えるようにしておきましょう。

▶ 酒のもてなしをする

✖ 飲みましょうよ

○ **ご一献いかがですか？**

実例 ○○さんもご一献いかがですか？

POINT お酒を注いで飲むことをあらたまって、丁寧に伝える言葉。目上の人に対して使う表現なので、使いどころを間違えないように注意。

▶ 同行者の名前を聞く

✕ こちらは……

◯ **お連れさまのお名前を……**

実例 お連れさまのお名前をうかがってもよろしいでしょうか？

POINT 相手側の連れがいる場合、あいさつをせずに無視してしまうと失礼になります。そんなときに、この表現を使うとよいでしょう。

▶ 知識、教養がある人をほめる

✕ よく知ってるね

◯ **見識がおおあり……**

実例 ○○さんは中東情勢に見識がおおありとうかがいました。

POINT 知識というよりもより深く理解し、本質を掴んでいるというニュアンスを伝えることができます。意見を求めるときに使える言い回しです。

▶ 謙遜して特技を隠す

✕ それほどでもありませんから……

◯ **人様に
お見せするほどでは……**

実例 人様にお見せするほどのものではございません。

POINT 謙遜するときややわらかくお断りするときなどに使う言葉。これを言ってもなお相手が強く求めて来た場合は、譲歩することも大切です。

「冠婚葬祭」で気をつける言い方＆フレーズ

冠婚葬祭では挨拶やスピーチをすることがありますが、その際、縁起の悪い「忌み言葉」を使うと、相手に対して失礼にあたります。忌み言葉を覚えて、粗相がない言葉遣いを心がけましょう。

不幸を連想させる言葉を使うのは NG

例えば結婚披露宴などのおめでたい席では、別離や不幸、再婚を連想させる言葉は避けないといけません。スピーチはもちろんのこと、余興や祝電、お祝いの手紙などでも使わないよう気をつけましょう。

またお葬式などではお悔やみの言葉を述べることがありますが、ここでも不幸を連想させるもの、そして「死亡」など直接的な表現を使うのは失礼にあたります。「お悔やみ申し上げます」などシンプルな言葉でも気持ちは十分先方に伝わるので、ヘンに言葉を足して墓穴を掘らないよう気をつけましょう。

■結婚式などでの忌み言葉

再婚を連想させる言葉	たびたび、再び、重ね重ね、くれぐれ、返す返す、またまた……etc.
別離を連想させる言葉	別れる、離れる、切る、終わる、去る、割れる、壊れる、帰る、破れる、出る、ほどける……etc.
不幸を連想させる言葉	果てる、死ぬ、倒れる、滅びる、嫌う、途絶える、冷める、失う、病む、飽きる……etc.

■弔事での忌み言葉

不幸が重なるのを連想させる言葉	いよいよ、たびたび、追って、再び、繰り返し、重ね重ね、再三、しばしば、次々……etc.
音が不吉な印象のある言葉	四（死）、九（苦）
直接的な表現	死ぬ、亡亡、生きる、生存……etc.

※「死ぬ」「死亡」は「ご逝去」、「ご生存中」は「ご生前」、「生きていたころ」は「お元気なころ」と言い直す。

冠婚葬祭でスピーチ or 弔辞を頼まれたら……

断らずに引き受けるのがマナー

　人前で話すのが苦手だと思っていても、スピーチや弔辞というのは、結婚式では新郎新婦から、お葬式では遺族から是非にと頼まれるものです。もし頼まれたら、なるべく断らないようにしましょう。話し下手でも気持ちがこもっていれば、何ら問題はないはずです。

　披露宴のスピーチでは、だらだらと長話するのは厳禁です。出席者の興味をそぎ、場を盛り下げてしまうからです。印象的なエピソードをまとめ、３分ぐらいで話しましょう。

　また弔辞では故人との思い出、さらには人柄や業績を称える話を、やはり３分ぐらいにまとめて話しましょう。弔辞用の用紙もしくは白無地の便せんに記し、白封筒に入れておきます。

■披露宴スピーチのポイント

祝福の言葉を述べる

POINT まずは新郎新婦、そして両家のご両親に対してお祝いを述べます。

自己紹介をする

POINT 新郎もしくは新婦との関係を、簡単に説明します。

思い出やエピソードを紹介

POINT 新郎新婦との楽しい思い出やエピソード、魅力的な人柄を紹介します。仕事でつながりのある人なら、仕事ぶりや将来性を話してもよいです。

はなむけ、結びの言葉で締める

POINT 最後は新郎新婦にはなむけの言葉を送り、スピーチを締めくくります。

■弔辞のポイント

弔辞は胸の高さに持つ

POINT 遺族に向かって一礼したあと、左手か上着のポケットの弔辞を取り出します。そして胸の高さに持って、故人に語りかけるように読みます。

故人との関係を述べる

POINT 故人との関係が参列者にもわかるよう、簡潔に自己紹介をします。

故人の人柄や業績を述べる

POINT 弔辞では故人の人柄、業績などを称えるエピソードを述べます。その中に故人への思いや感謝の気持ちを盛り込みます。

別れの言葉で締める

POINT 故人への別れの言葉で締めたあと、弔辞は元通りたたむか封筒に入れます。表書きを祭壇に向けて供えたあと、遺族に向かって一礼し、席に戻ります。

監修者

櫻井弘（さくらい・ひろし）

東京都港区生まれ。（株）櫻井弘話し方研究所代表取締役社長。CNS（株）話し方研究所顧問。製薬、金融、サービス、IT関連等の民間企業をはじめ、人事院、各省庁、自治大学校、日本能率協会などの官公庁・各種団体に於いて、コミュニケーションに関する研修・講演を手がけ、研修先は1,000以上に及ぶ。近著に「ちょっと言いかえるだけ！気のきいた話し方ができる本」（三笠書房）、「お客さま本位のコンサルティングを実現する聞く技術」（近代セールス社）など。
https://www.sakurai-hanashikata.com/

STAFF

編集協力	スタジオダンク
	小林ぴじお
	常井宏平
イラスト	後藤亮平（BLOCKBUSTER）
本文デザイン	編集室クルー

※本書は、小社刊「モノの言い方サクっとノート」（2014年発行）の一部を加筆し、再編集したものです。

すぐに使える！
できる大人のモノの言い方ハンドブック

2019年5月20日　第1刷発行

監修者	櫻井弘
発行者	永岡純一
発行所	株式会社永岡書店
	〒176-8518　東京都練馬区豊玉上1-7-14
	TEL. 03 (3992) 5155（代表）
	TEL. 03 (3992) 7191（編集）
印　刷	ダイオープリンティング
製　本	ヤマナカ製本

ISBN978-4-522-43737-7　C0036